C.G. Jung und Symbolische

For Mr. Joel A. Vanderburg :

In Memory of your visit of our College of Medicine, Kyungpook National University in Taegu.

May 18, 2000

Zuk-Nae Lee

Zuk-Nae Lee

C. G. JUNG UND SYMBOLISCHES VERSTEHEN

Kernpunkt der Jungschen Psychologie

PETER LANG
Frankfurt am Main · Berlin · Bern · New York · Paris · Wien

Die Deutsche Bibliothek - CIP-Einheitsaufnahme

Lee, Zuk-Nae:

C. G. Jung und symbolisches Verstehen : Kernpunkt der Jungschen Psychologie / Zuk-Nae Lee. - Frankfurt am Main ; Berlin ; Bern ; New York ; Paris ; Wien : Lang, 1997

Zugl.: Zürich, Univ., Diss., 1990 u.d.T.: Lee, Zuk-Nae: Die Bedeutung des Verstehens in der Psychologie Jungs

ISBN 3-631-30545-1

ISBN 3-631-30545-1

Printed in Germany 1 2 3 5 6 7

Meiner verstorbenen Großmutter
in Erinnerung gewidmet

Dank

Für das Zustandekommen dieser Arbeit bin ich Herrn Prof. Dr. Detlev von Uslar zu größtem Dank verpflichtet. Auch Frau Hedda Baumann für ihre große sprachliche Hilfe herzlichen Dank.

Inhaltsverzeichnis

Vorwort

Fremdenhaß und Ausländerfeindlichkeit

Fremdenhaß und Ausländerfeindlichkeit sind spätestens seit den brennenden Asylantenheimen in Deutschland 1994 Reizworte für viele. Für die einen ist die immer größer werdende Zahl von Immigranten eine Gefahr für das eigene Volk, andere sehen darin große Chancen für eine multikulturelle Gesellschaft, in der sich die Vorzüge der Völker zu einem Schmelztiegel der Kulturen mischen und gegenseitig bereichern.

Hinter Haß und Feindseligkeit stecken Ängste vor Überfremdung, aus Selbstunsicherheit geboren, charakterisiert durch Projektionen der "Inländer" auf die "Ausländer", in denen alles, was man selbst an sozial Unerwünschtem bei sich selbst nicht wahr haben will, auf die Fremden verlegt wird, wo man es dann, ohne sich selbst zu gefährden, hassen und befehden kann.

Zu einer wechselseitigen Bereicherung der Kulturen wird es unter diesen fatalen Umständen nie kommen. Der einfache Grund: Die Verständigung fehlt. Statt Verstehen gibt es nur Mißverstehen.

Deswegen sind alle wissenschaftlichen Versuche um ein besseres wechselseitiges Verstehen in Politik, Wirtschaft und Zusammenleben der Menschen von hohem aktuell praktischem Wert. Es lohnt sich daher, einmal kurz Revue passieren zu lassen, was die europäische Geistesgeschichte bisher alles an Beiträgen zu einer Wissenschaft des Verstehens geleistet hat.

Philosophische Hermeneutik des Westens

Hermes ist der griechische Bote, der den Menschen die Botschaften der Götter verkündet, der sie ihnen erklärt, erläutert, interpretiert, verständlich macht.

In der Religion sind es die Priester und Pfarrer, die der Gemeinde die heiligen Schriften auslegen. Und in der säkularisierten Welt der Gegenwart sind es die Psychotherapeuten, die ihren Patienten deuten, an welchen ungelösten Konflikten sie leiden.

Schleiermacher (1959) darf zurecht als der Vater der westlichen Hermeneutik gelten. Ihm ging es als Theologe um die rechte Auslegung der heiligen Schrift.

Dilthey (1977) hat dann das Problem zwischenmenschlichen Verstehens dadurch näher benannt, daß er die im jeweiligen Erleben liegenden Bedingungen der am Verstehensprozeß beteiligten Personen analysierte.

Aber erst Heidegger (1927) hat das Fundamentale am Verstehen dadurch herausgearbeitet, daß er in "Sein und Zeit" auf die existentielle Dimension des Verstehens hinwies. Es ist ein "entwerfendsein zu einem Seinkönnen, worumwillen je das Dasein existiert" (S. 336). Man kann es entschlossen gewinnen oder entschlußlos verlieren. Man muß dazu ganz in der Welt sein, in Sorge und im Mitsein mit dem zu Verstehenden. Mit dem ontologischen Vorrang der Seinsfrage" (S. 8) ortet Heidegger das Verstehen als ein fundamental existentielles Geschehen, das auch außersprachlich allein im Erleben möglich ist.

Gadamer (1960) hebt darüber hinaus in "Wahrheit und Methode" darauf ab, daß nicht allein die Methode des Verstehens wichtig ist sondern das jeweilige Bewußtsein im Teilhaben an einem gegenwärtigen Sinn (S. 370). Ein Text "soll verstanden werden, daß er seine Heilswirkung ausübt" (S. 292). Die "Vormeinung" (S. 252) des Interpreten wird dabei immer in Frage gestellt: "Wer verstehen will, muß also fragend hinter das Gesagte zurückgehen. Er muß es als Antwort von einer Frage her verstehen, auf die es Antwort ist" (S. 325). "In Wahrheit gehört die Geschichte nicht uns, sondern wir gehören ihr" (S. 267).

Nach Jaspers (1956) kann nur verstehen, wer sich frei entscheidet, wer sich auf Kommunikation einläßt, wer die Grenzsituationen des Daseins Kampf, Schuld, Leiden und Todesgewißheit aushält und wer sich nicht fürchtet, ohne jede Bedingung zu handeln.

Psychoanalytische Hermeneutik

In der Psychoanalyse geht es seit Freud darum, Unbewußtes bewußt zu machen, Latentes manifest werden zu lassen. Die einzelnen Methoden sind dabei die Analyse des Traums, der Widerstände, der Übertragung, der Gegenübertragung und des Rahmens. Eine Rede oder eine Handlung ist dann verstanden, wenn der dahinter verborgene Sinn deutlich geworden ist. Im psychoanalytischen Prozeß bemühen sich beide daran beteiligten Personen um diesen verborgenen Sinn, und zwar dadurch daß sie sich den "freien Einfällen" überlassen und sich in "gleichschwebender Aufmerksamkeit" (Freud 1912, S. 377) auf das aufsteigende Material einstellen.

Moderne Psychoanalytiker wie Argelander (1970) und Lorenzer (1970) haben das Verfahren der Psychoanalyse weiter dadurch präzisiert, daß sie neben dem *logischen* Verstehen der Rede und neben dem *psychologischen* Verstehen des Redenden das "*szenische* Verstehen" eingeführt haben. In der unmittelbaren Interaktion zwischen Patient und Analytiker kommt es unbewußt zu einem Geschehen, in dem sich das Unbewußte dadurch manifestiert, daß es sich in Affekt, Sprache oder Handlung ausdrückt. Es muß dann nur noch im gemeinsamen "Evidenzerleben" bestätigt werden.

In der Selbstpsychologie Heinz Kohuts (1987) und seiner Nachfolger geht dem Verstehen die Einfühlung voraus; eine Einfühlung, in der sich der um Verstehen Bemühte in den zu Verstehenden dadurch einfühlt, daß er, stellvertretend für den anderen, versucht, so zu fühlen wie er oder sie ("vicarious introspection"). Er erfährt durch diese Methode der Einfühlung mehr als er je durch noch so ausgeklügelte Fragebogen erfahren würde, nämlich die entscheidenden unbewußten Motive, die das Bewußtsein nicht wahr haben will.

Mit diesem philosophischen und psychoanalytischen Hintergrundwissen sind wir nun sehr gespannt, was ein Mensch des Ostens, ein Psychiater, Philospoph und Psychoanalytiker an der KYUNGPOOK NATIONAL UNIVERSITY in Taegu (Südkorea) zu sagen hat. Zuk-Nae Lee hat, geschult in Tao und Zen, deutsch gelernt und eine Weiterbildung in Analytischer Psychologie am renomierten C. G. Jung-Institut in Zürich absolviert, sich intensiv mit der Philosophie eines Detlev von Uslar befaßt und die Bedeutung des Verstehens speziell bei C. G. Jung untersucht. Ich schlage vor, seinen Text auf dem Hintergrund des in diesem Vorwort ausgebreiteten Wissens zu lesen und seine Eingrenzung auf die Methode des Verstehns bei C. G. Jung als Paradigma für das Verstehen überhaupt zu verstehen.

Im Nachwort werde ich dann versuchen, den Ertrag seines östlichen Denkens für die westliche Theorie und Praxis des Verstehens nutzbar zu machen.

Stuttgart, im September 1996 Peter Kutter

Literatur:

Argelander, H. (1970): Die szenische Funktion des Ich und ihr Anteil an der Symptombildung. Psyche, 24, 325-345

Dilthey, W. (1977): Gesammelte Schriften. Göttingen; zitiert nach Anz, H., in: Birus, H. (Hg.): Hermeneutische Positionen. Göttingen: Vandenhoeck & Ruprecht, 1982, 59-88

Freud, S. (1912): Ratschläge für den Arzt bei der psychoanalytischen Behandlung. G.W., Band 8, 376-387

Gadamer, H.-G. (1960): Wahrheit und Methode. Grundzüge einer philosophischen Hermeneutik. Tübingen: Mohr, 2. A.

Heidegger, M. (1927): Sein und Zeit. Tübingen: Niemeyer, 11. A. 1967

Jaspers, K. (1956): Philosophie, Band 2, Existenzerhellung. Berlin/Göttingen/Heidelberg: Springer

Kohut, H. (1987): Wie heilt Psychoanalyse? Frankfurt am Main: Suhrkamp

Lorenzer, A. (1970): Sprachzerstörung und Rekonstruktion. Vorarbeiten zu einer Metatheorie der Psychoanalyse. Frankfurt am Main: Suhrkamp

Schleiermacher, F. D. E. (1959): Hermeneutik und Kritik. Hg. v. Frank, M.; zit. nach Birus, H.: Hermeneutische Positionen. Göttingen: Vandenhoeck & Ruprecht, 1982, 15-58

Einleitung

Die vorliegende Arbeit setzt sich zum Ziel, die Bedeutung des Verstehens in der analytischen Psychologie zu verdeutlichen. Das Verstehen bezieht sich im großen einerseits auf die Eigenschaften des Seienden und andererseits auf das Sein desselben. Wenn das erste als wissenschaftliches Erfassen oder Erklären bezeichnet wird, dann kann das letztere als philosophisches Verstehen benannt werden. Diese zwei Arten des Verstehens sind heute in der Psychologie anzutreffen. Die Psychologie Jungs wird gerade deshalb als interessant und wichtig betrachtet, weil in ihr selbst diese beiden Arten des Verstehens, die ihrem Menschenbild zugrunde liegen, vorkommen.

Nach Jung hat sich der Mensch aus einer uranfänglichen Ununterschiedenheit vom Subjekt und Objekt, aus einem primordialen unbewußten Zustand, aus einer ursprünglichen Identität mit dem allgemeinen organischen Lebensprozeß, zu einem Wesen mit Bewußtsein entwickelt (Vgl. Jung 1976, G.W., Bd. 6, S. 476). Die Entwicklung des Bewußtseins führt den Menschen von der Natur, nämlich dem kollektiven Unbewußten, zu einer Sonderstellung. Dementsprechend unterscheidet sich die Psyche oder das Psychische begrifflich in der analytischen Psychologie in einen personalen (das Bewußtsein und das daraus entstehende persönliche Unbewußte) und einen überpersonalen (das kollektive Unbewußte) Bereich. Diese Differenz ist in bezug auf das Verstehen wie die ontologische Differenz in der Daseinsanalyse wichtig, weil der personale Bereich ontisch, aber der überpersonale ontologisch ausgelegt werden muß. Wenn man in dieser Hinsicht die innere Entwicklung von Jungs Werk überblickt, so kann man feststellen, daß neben den wissenschaftlichen Gesichtspunkt immer deutlicher eine Haltung tritt, die einen ausgesprochen philosophischen Standort verrät. Wir sind überzeugt, daß wissenschaftliche Empirie und philosophische Reflexion bei Jung in einer dialektischen Beziehung zueinander stehen, wobei es aber aussieht, als ob die empirische Seite in den Vordergrund gestellt sei. Die Bedeutung dieser dialektischen Beziehung scheint darin zu liegen, das wirkliche Verstehen zu ermöglichen, indem die wissenschaftliche Empirie einerseits nicht in eine naturwissenschaftliche Einseitigkeit, und die philosophische Reflexion andererseits nicht in eine metaphysische Spekulation geraten. Dabei kann betrachtet werden, daß die wissenschaftliche Empirie von der philosophischen Reflexion gezwungen wird, sich auf das Gesamtbild des Menschen zu richten. Dies heißt, die wissenschaftliche Empirie hat auf die Vielfältigkeit des Seins des Menschen zu achten. Demzufolge wird die Bedeutung des Wortes ‹empirisch› bei Jung nicht mit dem Begriff der am positivistischen Empirismus orientierten Naturwissenschaft, dessen Merkmal darin besteht, daß die beobachteten Phänomene der vorausgesetzten rationalistischen Theorie untergeordnet sind, als identisch betrachtet, sondern sie hat einen phänomenologischen Charakter und wird als phänomenologische Empirie bezeichnet. ‹Phänomenologisch› bedeutet, daß es "sich mit Vorkommnissen, Ereignissen, Erfahrungen – kurz gesagt – mit Tatsachen beschäftigt" (Jung 1973, G.W., Bd. 11, S. 2). Obwohl Jung mit dem Wort ‹phänomenologisch› eher das Epiphänomen im Sinn von ‹phänomenal› meint, indem sich die phänomenologische Empirie auf das Bewußtsein stützt und sich auf die rationale Seite der Wirklichkeit bezieht, so entspricht der Begriff ‹phänomenologisch›, wegen seines ganzheitlichen Charakters, dem Wesen des Menschen. Das Wesen des Menschen bezieht sich auf den Sinn, der die unbewußte, unfaßbar überrationale Wirklichkeit des Archetypus an sich in der analytischen Psychologie betrifft. Der Sinn zeigt sich beim psychischen Phänomen als Symbol und wird ‹hermeneutisch› verstanden. Die beiden Begriffe ‹phänomenologisch› und ‹hermeneutisch› repräsentieren also ein dialektisch verknüpftes Gegensatzpaar, was nicht nur die Eigenschaften, sondern auch den Sinn des Menschen verstehen läßt. Daraus wird ein allgemeiner Charakter der analytischen Psychologie sichtbar: Sie ist nicht nur wissenschaftlich, wohl aber auch wesentlich philosophisch orientiert.

Im Zusammenhang mit der philosophischen Seite der analytischen Psychologie werden viele der Begriffe, im Gegensatz zum Kunstbegriff wie zum Beispiel in der Naturwissenschaft, als symbolisch betrachtet. Sie sind Bildbegriffe, Träger unendlicher Bedeutung von etwas, das auf keine andere Weise als durch Symbole zugänglich ist, wie Jung selbst den Symbolcharakter seiner Begriffe hervorhebt: "Da es sich um vorwiegend unbewußte Vorgänge handelt, so haben wir wissenschaftlich die größte Mühe, aus der Bildersprache wenigstens soweit herauszukommen, daß wir das Niveau der Bildersprache anderer Wissenschaften erreichen. Die Ehrfurcht vor den großen natürlichen Geheimnissen, welche die religiöse Sprache in durch Alter, Bedeutungsschwere und Schönheit geheiligten Symbolen auszudrücken sich bemüht, wird nicht gekränkt durch die Ausdehnung der Psychologie auf diese Gebiete, zu denen die bisherige Wissenschaft keinen Zugang fand. Wir schieben die Symbole nur etwas weiter zurück und ziehen ein Stück ihrer Domäne ans Tageslicht, ohne aber dem Irrtum zu verfallen, wir hätten damit mehr geschaffen als bloß ein neues Symbol für dasselbe Rätsel, das allen Zeiten vor uns Rätsel war. Unsere Wissenschaft ist auch Bildsprache, sie paßt aber in praktischer Hinsicht besser als die alte mythologische Hypothese, die sich in konkreten Vorstellungen ausdrückte, statt, wie wir, in Begriffen" (Jung 1976, G.W., Bd. 6, S. 271 f). Auf diese Weise haben manche Theorien in der analytischen Psychologie auch einen symbolischen, hermeneutischen Charakter, d.h., sie sind keine Theorien im naturwissenschaftlichen Sinn, sondern sie verrichten ihre Dienste, indem sie auf den Sinn des Psychischen hinweisen. Der Sinn der Vielfältigkeit der offenstehenden Möglichkeiten gehört wesensmäßig zur psychischen Wirklichkeit. Das Verstehen dieser Wirklichkeit ist darum nichts anderes als ein Hindeuten auf die Verschiedenheit und Vielfältigkeit der Perspektiven. Daher mußte Jung immer wieder, je nach der Perspektive, eine andere Aussage machen, was deshalb widersprüchlich zu sein scheint. Angesichts eines solchen grundlegenden Charakters der analytischen Psychologie wird diese Arbeit wichtig.

Sie gliedert sich in sechs Kapitel. Da sich das Verstehen eigentlich auf das Wesen des Menschen bezieht, m.a.W., der Mensch verstehendes Sein ist, so geht diese Arbeit im ersten Kapitel vom Wesen des Menschen aus, wobei nach der Möglichkeit des Verstehens gefragt wird. Im zweiten Kapitel wird aufgrund der Verstehensmöglichkeit im Menschen die Frage nach dem wesentlichen Charakter des Verstehens aufgeworfen, indem die Charaktere des Bewußtseins und des Unbewußten in bezug auf das Verstehen untersucht werden. Anschließend wird im dritten Kapitel dargelegt, wie sich der wesentliche Charakter des Verstehens an der Methode des symbolischen Verstehens, unter der die aktive Imagination und die synthetische oder konstruktive Methode im Mittelpunkt stehen, zeigt. Im vierten Kapitel wird die Bedeutung des Verstehens im Zusammenhang mit dem Individuationsprozeß verdeutlicht, indem die Bedeutung der Individuation für das Verstehen untersucht wird. Danach wird im fünften Kapitel gezeigt, wie sich diese Bedeutung des Verstehens im Bewußtwerdungsprozeß des Selbst zeigt. In diesem Bewußtwerdungsprozeß erlangen der Traum und die Übertragung eine zentrale Stellung. Zum Schluß wird im letzten Kapitel die Bedeutung des Verstehens im Zusammenhang mit der Jungschen Psychotherapie hervorgehoben.

1 Das Wesen des Menschen

Jung war von einem instinktiven Drang nach Ganzheit beherrscht. Die unbewußte Ganzheit erschien ihm als der eigentliche spiritus rector von allem biologischen und psychischen Geschehen (vgl. Jaffé (Hrsg.) 1982, S. 327). Es ging ihm um die geheimnisvolle Ganzheit des Menschen. Sein Leben war durch ein Ziel und ein Werk durchwirkt und zusammengefaßt, nämlich in das Geheimnis der Persönlichkeit einzudringen. Alles ist von diesem zentralen Punkt aus zu verstehen, den Jung im Selbst erblickte, und all seine Arbeit bezog sich auf dieses Thema. Wenn also nach dem Wesen des Menschen in der analytischen Psychologie gefragt wird, dann könnte man wohl vom Selbst sprechen. Das Konzept des Selbst gründet sich auf den aus Jungs Erfahrung geprägten Begriff des kollektiven Unbewußten.

Die Ursprünge des Begriffs vom kollektiven Unbewußten lassen sich bis zur frühesten Publikation Jungs der medizinischen Dissertation ‹Zur Psychologie und Psychopathologie sogenannter okkulter Phänomene› verfolgen, in der er die Phantasien eines jungen hysterischen Mediums beschrieb und sie auf ihre subjektiven Quellen hin untersuchte. Seine psychotherapeutische Tätigkeit lieferte ihm viele Beispiele, bei denen Traummotive, die in ihrer Fremdartigkeit den Rahmen der persönlichen Erlebenszusammenhänge des Träumers sprengen, zuweilen eine auffallende Ähnlichkeit mit Mythen, Märchen, archaischen Vorstellungen, usw. haben. Nachdem er sich eingehend mit Mythologie und Religionsgeschichte befaßt hatte, und auf immer wiederkehrende Motive gestoßen war, kam er zur Überzeugung, daß der Mythenbildung archaischer und antiker Völker dieselbe Kraft zugrunde liege wie den modernen Phantasieschöpfungen der Träume und Visionen. Alsdann versuchte er, die Traum- und Phantasieserie der Patienten mit Mythologemen verschiedener Zeiten und Kulturen zu vergleichen, um dadurch zu einem besseren Verständnis spontaner Aussagen aus dem Unbewußten zu gelangen (vgl. Jung 1973, G.W., Bd. 5). Dieses Unterfangen lieferte ihm einen empirischen Beweis, daß solche mythologischen Motive allgemein menschlichen Anschauungsformen entsprechen. Damit entstand der Begriff des kollektiven Unbewußten, im Unterschied zum persönlichen Unbewußten:

> "Bei Freud ist das Unbewußte, obschon es – wenigstens metaphorisch – bereits als handelndes Subjekt auftritt, im wesentlichen nichts als der Sammelort dieser vergessenen und verdrängten Inhalte ... Dementsprechend ist es nach dieser Ansicht ausschließlich persönlicher Natur, obschon andererseits schon Freud die archaisch mythologische Denkweise des Unbewußten gesehen hat ... Eine gewissermaßen oberflächliche Schicht des Unbewußten ist zweifellos persönlich. Wir nennen sie das persönliche Unbewußte. Dieses ruht aber auf einer tieferen Schicht, welche nicht mehr persönlicher Erfahrung und Erwerbung entstammt, sondern angeboren ist. Diese tiefere Schicht ist das sogenannte kollektive Unbewußte. Ich habe den Ausdruck ‹kollektiv› gewählt, weil dieses Unbewußte nicht individueller, sondern allgemeiner Natur ist, d.h. es hat im Gegensatz zur persönlichen Psyche Inhalte und Verhaltensweisen, welche überall und in allen Individuen cum grano salis die gleichen sind. Es ist, m.a.W., in allen Menschen sich selbst identisch und bildet damit eine in jedermann vorhandene, allgemeine seelische Grundlage überpersönlicher Natur ... Die Inhalte des persönlichen Unbewußten sind in der Hauptsache die sogenannten gefühlsbetonten Komplexe, welche die persönliche Intimität des seelischen Lebens ausmachen. Die Inhalte des kollektiven Unbewußten dagegen sind die sogenannten Archetypen" (Jung 1976, G.W. Bd. 9/I S. 13 f).

Daraus erkennt man, daß die Archetypen die Inhalte des kollektiven Unbewußten sind. Was versteht man aber unter dem Ausdruck ‹Archetypus›? Jung unterscheidet zuerst zwischen dem Archetypus an sich und den archetypischen Vorstellungen bzw. den Bildern:

"Die archetypischen Vorstellungen, die uns das Unbewußte vermittelt, darf man nicht mit dem Archetypus an sich verwechseln. Sie sind vielfach variierte Gebilde, welche auf eine an sich unanschauliche Grundform zurückweisen. Letztere zeichnet sich durch gewisse Formelemente und durch gewisse prinzipielle Bedeutungen aus, die sich aber nur annähernd fassen lassen. Der Archetypus an sich ist ein psychischer Faktor, der sozusagen zu dem unsichtbaren, ultravioletten Teil des psychischen Spektrums gehört. Er scheint als solcher nicht bewußtseinsfähig zu sein" (ebd., G.W., Bd. 8, S. 239 f).

Dabei sind die beiden Seiten des Archetypus ersichtlich: Die anschauliche Seite als die archetypischen Vorstellungen, und die unanschauliche, die die anschaulichen archetypischen Vorstellungen ermöglicht. Diese unanschauliche Seite als Archetypus an sich, ist der Hintergrund philosophischer Reflexion, derweilen die anschauliche ein empirischer Gegenstand ist, gleich dem Verhältnis des Triebes an sich zur Triebvorstellung in der Psychoanalyse. Was stellt der Archetypus eigentlich dar? Jung schreibt wie folgt:

"Es gibt nämlich keinen amorphen Trieb, indem jeder Trieb die Gestalt seiner Situation hat. Er erfüllt stets ein Bild, das feststehende Eigenschaften besitzt ... Er (der Mensch) hat a priori Instinkttypen in sich, welche Anlaß und Vorlage seiner Tätigkeiten bilden, insofern er überhaupt instinktiv funktioniert. Als biologisches Wesen kann er überhaupt nicht anders als sich spezifisch menschlich verhalten und sein pattern of behaviour erfüllen ... Sie (Archetypen) sind immer vorhandene, biologisch unerläßliche Regulatoren der Triebsphäre, deren Wirksamkeit sich durch den ganzen Bereich der Psyche erstreckt und erst dort ihre Unbedingtheit einbüßt, wo sie von der relativen Freiheit des Willens beschränkt wird. Das Bild stellt den Sinn des Triebes dar" (ebd., S. 227 f).

Demnach sind Archetypen Regulatoren der Triebsphäre, und ein archetypisches Bild stellt den Sinn des Triebes dar. Die Archetypen sind die unbewußten Abbilder der Instinkte selbst. M.a.W., sie stellen das Grundmuster instinkthaften Verhaltens dar. Der Archetypus wird deshalb als Anschauung des Instinktes von sich selbst oder als Selbstabbildung des Instinktes bezeichnet (vgl. ebd., S.

151). Aus diesem Grunde besteht das kollektive Unbewußte aus der Summe der Instinkte und ihrer Korrelate, der Archetypen:

"So wie jeder Mensch Instinkte besitzt, so besitzt er auch die Urbilder. Mir scheint, als ob beides eine und dieselbe Sache, eine und dieselbe Lebenstätigkeit sei, die wir nur zum eigenen besseren Verständnis in Begriffe auseinandergelegt denken müssen" (ebd., S. 160).

Mit dieser Einsicht, daß Trieb und Archetypus eine und dieselbe Sache, eine und dieselbe Lebenstätigkeit sei, kann man ihre Gegensätzlichkeit wirklich verstehen. Über die Gegensätze von Trieb und Archetypus schreibt Jung:

"Archetypus und Instinkt bilden die denkbar größten Gegensätze, wie man unschwer erkennen kann, wenn man einen Menschen, der unter der Herrschaft des Triebes steht, mit einem vergleicht, welcher vom Geiste ergriffen ist. Aber wie zwischen allen Gegensätzen eine so enge Beziehung besteht, daß eine Position ohne entsprechende Negation weder gefunden noch gedacht werden kann. Als Entsprechungen gehören sie zusammen" (ebd., S. 233).

Bei diesen Gegensätzen handelt es sich nicht um gedachte, logische, sondern um reale Gegensätze, die das Leben betreffen. Während logische Gegensätze sich nach dem Satz vom Widerspruch ausschließen, sind reale Gegensätze entgegengesetzt und doch gleichermaßen aufeinander bezogen und bedeuten Einheit in der Zweiheit und Zweiheit in der Einheit. Dieser reale Gegensatz wird mit Polarität bezeichnet. Jung formuliert sein Polaritätsprinzip im Gesetz der Enantiodromie, wobei er diesen Ausdruck von Heraklit übernommen hat, und damit besagen will, daß alles einmal in sein Gegenteil hineinlaufe (vgl. Jung 1974, G.W., Bd. 9, S. 78).

Für dieses Prinzip hat Jung viele Analogien beigezogen, nämlich z.B. Extraversion und Introversion inbezug auf Goethes kosmische Prinzipien der Diastole (die im All sich ausbreitende Extraversion der Libido), und der Systole (der Zusammenziehung der Libido aufs Individuum), oder Geist und Natur in Bezug auf I-Gings Yang (männliches Prinzip) und Yin (weibliches Prinzip). Alle Begriffe in der analytischen Psychologie beruhen tatsächlich auf der psychischen Gegensätzlichkeit. Das Gegensatzproblem ist für Jung ein der menschlichen Natur inhärentes Prinzip (vgl. ebd., S. 64).

Diese Gegensätzlichkeit wird durch die kompensatorischen und transzendenten Funktionen des Selbst in die psychische Ganzheit aufgehoben.

Nachfolgend wird auf diese wesentlichen Charaktere des Selbst-Kompensierens und Transzendierens eingegangen.

1.1 Die kompensatorische Funktion des Selbst

Kompensation bedeutet Ausgleichung oder Ersetzung. Der Begriff der Kompensation wurde eigentlich von Adler im Rahmen der modernen Psychotherapie in die Neurosenpsychologie eingeführt (vgl. Adler 1972, S. 57 ff). Er versteht unter ‹Kompensation› die funktionelle Ausgleichung der Minderwertigkeitsgefühle durch ein kompensierendes, psychologisches System, das mit den kompensierenden Organentwicklungen bei Organminderwertigkeit vergleichbar ist. Während Adler seinen Begriff der Kompensation auf die Ausgleichung des Minderwertigkeitsgefühles einschränkt, faßt ihn Jung allgemein als funktionelle Ausgleichung bzw. als das funktionelle Verhältnis der unbewußten Vorgänge zum Bewußtsein auf (Vgl. Jung 1976, G.W., Bd. 6, S. 485).

In diesem Sinne versteht er die Tätigkeit des Unbewußten als Ausgleichung der durch die Bewußtseinsfunktion erzeugten Einseitigkeit der allgemeinen Einstellung. Die Tätigkeit des Bewußtseins ist auswählend, und diese Auswahl erfordert eine Richtung. Die Richtung verlangt aber die Ausschließung von allem Nichtdazugehörenden, was jeweils zwangsläufig zu einer großen Einseitigkeit der Bewußtseinsorientierung führt. Die von der gewählten Richtung ausgeschlossenen und gehemmten Inhalte verfallen zunächst dem Unbewußten, bilden aber wegen ihrer effektiven Existenz ein Gegengewicht in Bezug auf die bewußte Orientierung, welches sich durch Vermehrung der bewußten Einseitigkeit ebenfalls vermehrt und schließlich zu einer merklichen Spannung führt. Diese Spannung bedeutet eine gewisse Hemmung der bewußten Tätigkeit, die zwar zunächst durch bewußte Anstrengung durchbrochen werden kann.

Je größer die Einseitigkeit der bewußten Einstellung ist, desto gegensätzlicher sind die dem Unbewußten entstammenden Inhalte, so daß man von einem eigentlichen Kontrast zwischen dem Bewußtsein und dem Unbewußtsein sprechen kann. In der Regel ist aber die Kompensation durch das Unbewußte kein Kontrast, sondern eine Ausgleichung oder Ergänzung der bewußten Orientierung, d.h. die Kompensation zielt auf die Ganzheit der Psyche hin. Beispielsweise im hysterischen Charakter: Der hysterische Charakter ist zunächst eine Übertreibung der normalen Einstellung. Von Seiten des Unbewußten kompliziert er sich jedoch durch kompensatorische Reaktionen, die gegen die übertriebene Extraversion, die psychische Energie durch körperliche Störungen zur Introversion zwingen, d.h. durch die Reaktion des Unbewußten entsteht eine andere Kategorie von Symptomen, die einen mehr introvertierten Charakter haben. Als ein weiteres Beispiel wäre das auf die Spitze getriebene introvertierte Denken anzuführen. Dieses Denken gelangt zur Evidenz seines eigenen subjektiven Seins, im Gegensatz zum extravertierten Denken als Evidenz seiner völligen Identität mit der objektiven Tatsache; die Verarmung des introvertierten Denkens an objektiven Tatsachen, wird durch eine Fülle unbewußter Tatsachen kompensiert; je mehr sich das Bewußtsein mit der Denkfunktion auf einen kleinsten und möglichst leeren Kreis beschränkt, desto mehr bereichert sich die unbewußte Phantasie mit einer Vielfalt von archaisch geformten Tatsachen.

Die kompensatorische Funktion spielt aber besonders bei der Traumentstehung und Traumdeutung eine wichtige Rolle in der analytischen Psychologie. Der Traum stellt sich recht häufig in grellem Gegensatz zu den Absichten des Bewußtseins. Der Gegensatz ist jedoch nicht immer sehr ausgeprägt; zuweilen kann der Traum auch nur in geringem Maße von der bewußten Einstellung oder Tendenz abweichen und Modifikationen anbringen; er kann gelegentlich mit Inhalt und Tendenz des Bewußtseins koinzidieren:

"Wenn die Einstellung des Bewußtseins zur Lebenssituation in hohem Maße einseitig ist, stellt sich der Traum auf die Gegenseite. Hat das Bewußtsein eine der Mitte relativ angenäherte Stellung, so begnügt sich der Traum mit Varianten. Ist die Stellung des Bewußtseins aber korrekt (adäquat), so koinzidiert der Traum und unterstreicht damit dessen Tendenz, ohne jedoch dabei seine ihm eigentümliche Autonomie zu verlieren" (ebd., G.W., Bd. 8, S. 317 f).

Da der Charakter der Kompensation jeweils innigst mit dem ganzen Wesen des Individuums zusammenhängt, so sollte diese Auffassung nicht bloß ein intellektuelles Verstehen, sondern ein ganzheitliches Verstehen sein. Wie wird dann diese Kompensation verwirklicht? Dies ist zuerst durch die transzendente Funktion des Selbst möglich.

1.2 Die transzendente Funktion des Selbst

Durch die transzendente Funktion des Selbst vereinigen sich bewußte und unbewußte Inhalte oder aus der Vereinigung bewußter und unbewußter Inhalte geht die transzendente Funktion hervor. Die transzendente Funktion ist eine durch Archetypen vermittelte, die Gegensätze vereinigende Auffassungsbildung. Dies heißt, durch die transzendente Funktion ergibt sich eine Symbolbildung.

Die sogenannten Archetypen, welche die Inhalte des kollektiven Unbewußten ausmachen, sind die ausschlaggebenden Faktoren für die Entstehung des Symbols. Dieses kollektive Unbewußte stellt sich selbst bei allen Menschen als identische Psyche dar, die, im

Gegensatz zu der uns bekannten Psyche, unanschaulich ist, weshalb Jung es als ‹psychoid› bezeichnet hat. ‹Psychoid› macht das psychische Phänomen als Symbol möglich. Das Wort ‹Symbol›, aus dem griechischen Verbum ‹symballo› gebildet, war von jeher verschiedenartigen Definitionen und Deutungen ausgesetzt. Alle sind sich aber darin einig gewesen, daß damit etwas bezeichnet werden soll, wonach hinter dem Gegenständlichen, Sichtbaren des Symbols, noch ein unsichtbarer, tieferer, verborgener Sinn liegt (vgl. Jacobi 1957, S. 90).

Jung unterscheidet zwischen Allegorie, Symbol und Zeichen folgendermaßen:

> "Jede Auffassung, welche den symbolischen Ausdruck als Analogie oder abgekürzte Bezeichnung einer bekannten Sache erklärt, ist semiotisch. Eine Auffassung, welche den symbolischen Ausdruck als bestmögliche und daher zunächst gar nicht klar oder charakteristischer darzustellende Formulierung einer relativ unbekannten Sache erklärt, ist symbolisch. Eine Auffassung, welche den symbolischen Ausdruck als absichtliche Umschreibung oder Umgestaltung einer bekannten Sache erklärt, ist allegorisch" (Jung 1976, G.W., Bd. 6, S. 515).

Die Auffassung Jungs vom Symbol ist also der Ausdruck für etwas Unbekanntes bzw. Verborgenes, das auf den Archetypus hinweist. Wenn ein Archetypus erscheint und im Bewußtsein in irgendeiner Form wahrgenommen wird, dann spricht man von einem Symbol, wo sich bewußte und unbewußte Inhalte vereinigen. Das Symbol fußt deswegen einerseits auf dem gegensätzlichen Aspekt der Psyche, anderseits auf seinem Charakter als Vereiniger von Gegensatzpaaren, was als Bipolarität des Symbols bezeichnet wird. Da diese Gegensätze aber nicht die gedachten, logischen, sondern, wie erwähnt, die realen sind, ist das Symbol weder rationaler, noch irrationaler, vielmehr ganzheitlicher Natur des Bewußtseins und des Unbewußten. M.a.W., ihre Gegensätze transzendieren sich zum Symbol als Ganzheit. Beim Symbol handelt es sich demnach um eine coniunctio oppositorum. Solange sich aber das Bewußtsein auf die äußere Welt und das Unbewußte auf die innere beziehen, kann das Symbol auf die Vereinigung der inneren und äußeren Welt hindeuten. Demzufolge kann das Symbol in der analytischen Psychologie eigentlich als psychische Wirklichkeit bzw. die Wirklichkeit überhaupt, angesehen werden.

Für Jung ist der Begriff von Wirklichkeit "das, was wirkt" (ebd., G.W., Bd. 8, S. 421). Das, was wirkt, bedeutet:

> "Die lebendige Wirklichkeit ist weder durch das tatsächliche, objektive Verhalten der Dinge, noch durch die ideelle Formel ausschließlich gegeben, sondern nur durch die Zusammenfassung beider im lebendigen psychologischen Prozeß, durch das ‹esse in anima›. Nur durch die spezifische Lebenstätigkeit der Psyche erreicht die Sinneswahrnehmung jene Eindruckstiefe, und die Idee jene wirkende Kraft, welche beide unerläßliche Bestandteile einer lebendigen Wirklichkeit sind" (ebd., G.W., Bd. 6, S. 53).

Er schreibt weiter:

> "Ohne diesen komplizierten und unbewußten Verwandlungsprozeß kann das Bewußtsein überhaupt nichts Materielles wahrnehmen. Die Folge davon ist, daß die unmittelbar erscheinende Wirklichkeit aus sorgfältig zubereiteten Bildern besteht, und daß wir mithin unmittelbar nur in einer Bilderwelt leben ... Zwischen den unbekannten Wesenheiten von Geist und Stoff, steht die Wirklichkeit des Seelischen, die psychische Realität, die einzige Wirklichkeit, die uns unmittelbar erfahrbar macht" (ebd., G.W., Bd. 8, S. 422 f).

Wenn es durch die transzendente Funktion glückt, das Symbol zu gestalten, stellt sich die Frage, wie sich das Ich zu dieser Sachlage verhalte, d.h. wie das Symbol verstanden werden könne. Damit beginnt die Auseinandersetzung zwischen dem Ich und dem Unbewußten. Diese muß aber eine allseitige sein, denn bei der transzendenten Funktion handelt es sich nicht um einen Teilprozeß, der irgendwie bedingt ablaufen kann, sondern um ein ganzheitliches Geschehen, in welches alle Aspekte einbezogen oder einzubeziehen sind. Der Affekt muß daher in seinem vollen Wert eingesetzt werden. So ist bei der Auseinandersetzung nicht nur der Standpunkt des Ich berechtigt, wohl verleiht es aber auch dem Unbewußten eine entsprechende Autorität. Die Auseinandersetzung wird zwar vom Ich ausgeführt, doch wird auch dem Unbewußten das Wort gelassen. Das Hin und Her der Argumente und Affekte soll die transzendente Funktion der Gegensätze darstellen. Dies heißt, diese Auseinandersetzung ist nicht ein gegenständliches, sondern ein ganzheitliches, symbolisches Verstehen. Demzufolge bezeichnet Jung auch diesen Vorgang als transzendente Funktion, wobei unter ‹Funktion› nicht eine Grundfunktion, wohl aber eine komplexe, aus anderen Funktionen zusammengesetzte Funktion verstanden wird, und mit ‹transzendent› eine Tatsache, daß durch diese Funktion ein Übergang von der einen Einstellung in eine andere geschaffen wird (vgl. ebd., G.W., Bd. 6, S. 522).

Eine Auseinandersetzung als transzendente Funktion führt zur Offenbarung des wesentlichen Menschen. Es ist die Herstellung und Entfaltung der ursprünglichen, potentiellen Ganzheit. Diese Auseinandersetzung steht daher im klaren Gegensatz zu einer intellektuellen, gegenständlichen Symboldeutung, die keine Umwandlung der Libido herbeiführt, sie jedoch eher stört. Dieses Problem wird als Hauptanliegen dieser Arbeit im Nachfolgenden eingehend erläutert, wobei der wesentliche Charakter des Verstehens in der analytischen Psychologie als erstes zur Sprache kommt.

2 Der wesentliche Charakter des Verstehens

Im Verstehen der analytischen Psychologie spiegeln sich einerseits die wesentlichen Charaktere des Selbst – Kompensieren und Transzendieren – und andererseits die ihrem Menschenbild zugrunde liegende Spannung zwischen dem Bewußtsein und dem Unbewußten. Das Bewußtsein geht nach seinem diskriminierenden Charakter von der gegensätzlichen Spaltung aus. Das Unbewußte ist dagegen in jeder Beziehung kompensatorisch zum Bewußtsein und bezieht sich immer auf das Ganze, d.h. es hat die Tendenz, die vom Bewußtsein geschaffenen Gegensätze wieder zusammenzufügen, indem sich das Symbol durch die transzendente Funktion des Archetypus an sich bildet. Von diesen unterschiedlichen Charakteren des Bewußtseins und Unbewußten her, steht das erstere mit dem Ich und das letztere mit dem Selbst in Verbindung. Jung unterscheidet begrifflich zwischen dem Ich und dem Selbst wie folgt:

> "Unter ‹Ich› verstehe ich einen Komplex von Vorstellungen, der mir das Zentrum des Bewußtseinsfeldes ausmacht und mir von hoher Kontinuität und Identität mit sich selber zu sein scheint ... Der Ich-Komplex ist ein Inhalt des Bewußtseins, sowohl wie eine Bedingung des Bewußtseins, denn bewußt ist mir ein psychisches Element, sofern es auf den Ich-Komplex bezogen ist. Insofern aber das Ich nur das Zentrum meines Bewußtseinsfeldes ist, ist es nicht identisch mit dem Ganzen meiner Psyche, sondern bloß ein Komplex unter anderen Komplexen. Ich unterscheide daher zwischen Ich und Selbst, insofern das Ich nur das Subjekt meines Bewußtseins, das Selbst aber das Subjekt meiner gesamten, also auch der unbewußten Psyche ist. In diesem Sinne wäre das Selbst eine (ideelle) Größe, die das Ich in sich begreift" (ebd., S. 471).

Und an anderer Stelle sagt Jung:

"Der Terminus Selbst schien mir eine passende Bezeichnung zu sein für den unbewußten Hintergrund, dessen jeweiliger Exponent im Bewußtsein das Ich ist. Das Ich steht zum Selbst, wie das patiens zum agens, oder wie das Objekt zum Subjekt, weil die Bestimmungen, die vom Selbst ausgehen, umfänglich und daher dem Ich überlegen sind. Wie das Unbewußte, so ist das Selbst a priori Vorhandene, aus dem das Ich hervorgeht. Es präformiert sozusagen das Ich. Nicht ich schaffe mich selbst, ich geschehe vielmehr mir selber" (Jung 1973, G.W., Bd. 11, S. 283).

Dadurch unterscheiden sich das Ich und das Selbst in dem Sinne, daß das Selbst als eigentliches Subjekt der ganzen Psyche entspricht, und das Ich als ein Inhalt des Bewußtseins einen Teil der ganzen Psyche ausmacht. Vom Verstehen her betrachtet, weist dies darauf hin, daß sich das bewußte Ich auf das teilbezogene, und das Selbst sich auf das eigentliche, ganzheitliche Verstehen bezieht. Wenn das erstere Verstehen als die bewußte Auffassung bezeichnet wird, dann kann man die letztere als das symbolische Verstehen nennen, da es immer das Symbol betrifft.

Um den wesentlichen Charakter des Verstehens herauszuheben, soll nachfolgend auf die bewußte Auffassung, das Unbewußte als die Quelle des Wissens und das symbolische Verstehen eingegangen werden.

2.1 Die bewußte Auffassung

Die bewußte Auffassung als die des Bewußtseins kann von seinem Charakter her verstanden werden. Jung versteht unter Bewußtsein "die Bezogenheit psychischer Inhalte auf das Ich, soweit sie als solche vom Ich empfunden wird. Beziehungen zum Ich, soweit sie von diesem nicht als solche empfunden werden, sind unbewußt. Das Bewußtsein ist die Funktion oder Tätigkeit, welche die Beziehung psychischer Inhalte zum Ich unterhält. Das Bewußtsein ist nicht identisch mit Psyche, indem Psyche die Gesamtheit aller psychischen Inhalte darstellt, welche nicht notwendigerweise alle mit dem Ich direkt verbunden, d.h. dermaßen auf das Ich bezogen sind, daß ihnen die Qualität der Bewußtheit zukäme" (Jung 1976, G.W., Bd. 6, S. 451).

Damit wird das Bewußtsein als Ich-Bewußtsein nur als ein Teil der ganzen Psyche betrachtet. Das Bewußtsein geht aus der progressiven (extravertierten) Bewegung der psychischen Energie hervor und steht in erster Linie im Dienste der biologischen Anpassung des Individuums an die äußere Realität, an die Welt des kollektiven Bewußtseins. Das Bewußtsein ist seinem Wesen nach Diskrimination, Unterscheidung vom Ich und dem Nicht-Ich, Subjekt und Objekt, Ja und Nein usw. Es muß um der Bewußtheit willen die Gegensätze voneinander trennen. Diese gegensätzliche Auffassung des Bewußtseins spiegelt sich in der psychologischen Typologie Jungs.

Jung schlägt zuerst vor, die Menschen in zwei verschiedene, sich ergänzende Weisen, in Typen einzuteilen. In seinem Buch ‹Psychologische Typen› behandelt er die unterschiedliche Einstellung der Menschen zur Außen- und zur Innenwelt. Jung hatte früh erkannt, daß die unvereinbaren Gegensätze zwischen ihm und Freud nicht nur individueller Natur waren, sondern daß in ihnen der psychologische Typus zum Ausdruck kam. Jung machte eine vergleichende Studie über eine Neurose, wobei er sowohl Freuds wie auch Adlers Theorien anwandte. Beide Theorien schienen die Psychopathologie des Falles adäquat zu erklären. Daraus ersah Jung, daß ein und dieselbe Neurose auf entgegengesetzte und sogar einander widersprechende Weisen verstanden werden kann. Für Adler hatte eine Neurose hauptsächlich die Funktion, den Patienten vor Versagen zu schützen, die Verantwortlichkeit von ihm fernzuhalten. Gemäß Adler war das Hauptmotiv jedes Menschen, nach Sicherheit und Überlegenheit zu suchen. Ob ein Mensch nun tatsächlich minderwertig ist oder nicht, in jedem Fall fühlt er sich so. Folglich ist sein Ziel, ein Gefühl der Macht zu entwickeln. Im Gegensatz dazu vertrat Freud zu seiner Zeit die Ansicht, Neurosen würden durch die Art verursacht, wie ein Kind den Oedipuskomplex zu bewältigen versuche. Angesichts dieser scheinbar völlig entgegengesetzten Theorien zog Jung nachstehende Schlußfolgerung:

> "Das kommt wohl daher, daß vermöge ihrer psychologischen Eigenart die beiden Forscher gerade das an der Neurose am ehesten sehen, was ihrer Eigenart entspricht ..., aber da sie aus persönlicher Eigenart die Dinge anders sehen, entwickeln sie grundverschiedene Ansichten und Theorien ... Diese Verschiedenheit kann wohl nichts anderes sein als ein Temperamentunterschied, ein Gegensatz von zwei Typen menschlicher Geistesart wovon der eine die determinierende Wirkung überwiegend aus dem Subjekt (Adler), der andere dagegen überwiegend aus dem Objekt ableitet ... Ich habe mich mit dieser Frage lang beschäftigt und bin schließlich auf Grund vieler Beobachtungen und Erfahrungen zur Aufstellung zweier Grundhaltungen oder Einstellungen gelangt: nämlich der Introversion und der Extraversion" (Jung 1974, G.W., Bd. 7, S. 44 ff).

Beim extravertierten Einstellungstypus hat das Objekt einen energetisch höheren Wert als das Subjekt. Das Objekt ist psychologisch das Wichtige. Der Extravertierte strebt nach einem positiven Kontakt mit ihm und ist in seinen Motivationen durch das Objekt bedingt. Seinen Urteilsbildungen, Wahrnehmungen, Gefühlen und Handlungen liegen äußere bestimmende Faktoren zugrunde. Er denkt zum Beispiel in möglichst weitgehend geltenden Begriffen, und hegt jene Gefühle, die den besten Erwartungen einer Situation entsprechen. Eine Sache wird dann als richtig angenommen, wenn sie von verschiedenen oder kompetenten Leuten unterstützt und gutgeheißen wird. Er tut jene ihm angepaßt erscheinenden Dinge, die sich im Rahmen seiner Gesellschaft ereignen. Das Subjekt paßt sich also weitgehend dem Objekt an und sucht nach Möglichkeit sich mit ihm in Einklang zu bringen. Aus diesem Grund wird alles Unpassende, vor allem die subjektiven Faktoren, ausgeschaltet, übersehen und zurückgedrängt. Die subjektiven Faktoren bleiben daher relativ unbewußt, was die Gefahr in sich birgt, daß der Extravertierte viel mehr Objektbeziehungen hat, als er bewältigen kann.

Dadurch entsteht schließlich nicht nur eine gewisse Oberflächlichkeit, sondern auch ein Verschwimmen oder Verschwinden des Subjekts als der Persönlichkeit in den Objekten. Dieser extreme Zustand führt zu einer Gegensatzspannung zu den unbewußten Faktoren, die zur gegebenen Zeit automatisch ins Bewußtsein einbrechen werden.

Beim introvertierten Einstellungstypus verhält sich alles gerade umgekehrt. Die subjektiven Faktoren sind die energetisch Wirksameren, und daher ist das Subjekt das psychologisch Wichtige. Alles Gewicht und alle Werte liegen bei den subjektiven Faktoren. Diese brauchen nicht mit dem Objekt übereinzustimmen, müssen aber subjektiv gültig und zwingend, d.h. in Übereinstimmung mit den für das Subjekt gültigen Werten sein. Eine Sache ist nicht dann wahr, wenn alle Welt daran glaubt, sondern erst, wenn sie außerdem durch eigene Überlegungen und Wertungen als gültig erkannt wird. Der Introvertierte gerät aber ebenfalls mit seiner Absperrung gegen die äußeren Objekteinflüsse in eine extreme Position, wodurch die Spannung zu den gegensätzlichen, unbewußt gehaltenen Objektfaktoren immer stärker wird, bis diese schließlich das Übergewicht erlangen und, wie beim Extravertierten, zur gegebenen Zeit ins Bewußtsein einbrechen. Jede extreme Einseitigkeit der Einstellung findet ihre Kompensation im Unbewußten.

Der Einstellungstypus, welcher die allgemeine Grundform des extravertierten und introvertierten Habitus auszeichnet, ist ferner durch das Vorwiegen einer bestimmten psychologischen Funktion charakterisiert und kompliziert. Jung unterscheidet vier Grundfunktionen: "Der Empfindungsvorgang stellt im wesentlichen fest, daß etwas ist, das Denken, was es bedeutet, das Gefühl, was es wert ist, und die Intuition ist Vermuten und Ahnen über das Woher und das Wohin." (ebd., S. 599)

Das Denken ist die Funktion, die vermittels begrifflicher Zusammenhänge und logischer Schlußfolgerungen erkennt und beurteilt, was das Objekt ist. Das Fühlen ist die Funktion der emotionalen

Werterteilung; es beurteilt, was ein Objekt für das Gemüt wert ist, d.h. ob ich ein Objekt als positiv oder als negativ im weitesten Sinne bewerte, ob es also nicht nur nach subjektiven, sondern auch nach objektiv gültigen Gefühlswerten anzunehmen oder abzulehnen ist. Die Empfindung nimmt die tatsächlichen Gegebenheiten wahr; sie ist die bewußte Perzeption des Vorkommenden. Die Intuition ist die unbewußte Perzeption, d.h. Wahrnehmung auf unbewußtem Wege oder von unbewußten Inhalten und Vorgängen; sie ahnt die ungefähr in einer Situation liegenden latenten Möglichkeiten.

Jeder Mensch besitzt gemäß seiner Anlage alle vier Grundfunktionen. Da der Anpassungsprozeß aber eine bestimmte Richtung verlangt, geschieht die Entwicklung der einen Funktion in Form ihrer Differenzierung (Hauptfunktion), wobei die übrigen Funktionen vernachlässigt werden (Hilfs- und inferiore Funktionen). Die superiore Funktion folgt stets dem extravertierten oder introvertierten Einstellungshabitus des Individuums. Der psychologische Typus wird daher als extravertierter oder introvertierter Denk-, Fühl-, Empfindungs- oder intuitiver Typus charakterisiert. Als Folge der einseitigen Entwicklung der Einstellung und Funktion führt dieser psychologische Typus zum einseitigen Verstehen. Für das ganzheitliche Verstehen, das den wesentlichen Charakter des Verstehens in der analytischen Psychologie ausmacht, müssen deshalb die vernachlässigten, minderwertigen Funktionen und die Einstellung im Unbewußten ins Bewußtsein gebracht werden.

Dieses Problem des ganzheitlichen Verstehens wird im symbolischen Verstehen erläutert.

2.2 Das Unbewußte als die Quelle des absoluten Wissens

Nach Jung ist das Unbewußte ein psychologischer Grenzbegriff, der alle jene psychischen Inhalte oder Vorgänge deckt, die nicht bewußt sind, d.h. sich nicht auf das Ich in wahrnehmbarer Weise beziehen. In dem Maße als das Bewußtsein zur Erfüllung der Anpassung nach Außen gerichtet und zweckmäßig ist, kann auch vom Unbewußten eine auf die Anpassung nach Innen orientierte Richtung und Zweckmäßigkeit angezeigt werden.

Jung sagt: "Man weiß zunächst nicht, wie das Unbewußte funktioniert, aber da es als psychisches System vermutet wird, so hat es möglicherweise alles, was das Bewußtsein auch hat, nämlich Perzeption, Apperzeption, Gedächtnis, Willen, Affekt, Überlegung, Urteil usw., aber all dies in subliminaler Form" (Jung 1976, G.W., Bd. 8, S. 198), wie Jung anhand von klinischen Beispielen zeigt:

> "Jedem, dem die Psychologie des Hypnotismus und des Somnambulismus bekannt ist, ist es eine geläufige Tatsache, daß ein solch künstlich oder krankhaft beschränktes Bewußtsein gewisse Vorstellungen nicht enthält, sich aber genau so benimmt, wie wenn es sie enthalte. Eine hysterisch taube Person pflegte zu singen. Unbemerkt setzte sich der Arzt ans Klavier und begleitete den nächsten Vers in einer anderen Tonart, worauf die Kranke sofort in der neuen Tonart weitersang. Ein Patient hatte die Eigentümlichkeit, daß er beim Anblick von offenem Feuer in hystero-epileptische Krämpfe fiel. Er hatte nur ein stark eingeschränktes Gesichtsfeld, das heißt, er war peripher blind (was man ein ‹röhrenförmiges› Gesichtsfeld nennt). Hielt man nun ein Licht in die blinde Zone, so erfolgte der Anfall, wie wenn er das gesehen hätte. In der Symptomatologie dieser Zustände gibt es unzählige Fälle dieser Art, wo man beim besten Willen nichts anderes sagen kann, als daß man unbewußt wahrnimmt, denkt, fühlt, erinnert, entschließt und handelt, das heißt, das unbewußt tut, was andere bewußt tun. Diese Vorgänge finden statt, unbekümmert ob das Bewußtsein sie sieht oder nicht" (ebd., S. 166).

Diese Erscheinungen können auch im täglichen Leben erfahren werden, was Freud ‹die Psychopathologie des Alltagslebens› nennt. Unsere bewußten Absichten und Handlungen werden öfters durch unbewußte Vorgänge durchkreuzt. Man verspricht sich, man verschreibt sich, tut unbewußt Dinge, die gerade das verraten, was man geheimhalten möchte oder was man selber nicht weiß. Auf das häufige Vorkommen solcher Erscheinungen gründet sich auch das diagnostische Assoziationsexperiment, das man nutzbringend dort anwendet, wo etwas nicht gesagt werden will oder kann. Die Bedeutung des Unbewußten liegt gerade darin, daß das Unbewußte die seelischen Vorgänge erschließt, unbekümmert, ob das Bewußtsein sie sieht oder nicht. Das Unbewußte wird deshalb in der Tiefenpsychologie als wesenhaft betrachtet.

Diese Erschlossenheit des Unbewußten ist mit dem daseinsanalytischen Begriff der Erschlossenheit des ‹Da› des Daseins vergleichbar, und dies besonders in bezug auf die Befindlichkeit, die sich zunächst und zumeist in der Weise der Abwehr zeigt (Vgl. Heidegger 1976, S. 134 ff).

Aus diesen Erscheinungen schloß Jung, daß, wenn das Unbewußte die seelischen Vorgänge erschließen kann, es nicht nur als Objekt, sondern auch als eigengesetzliches Subjekt betrachtet werden muß, d.h. es muß ihm Spontaneität und Absichtlichkeit bzw. eine Art von Bewußtsein anerkannt werden. Er postulierte deshalb eine andere Bewußtheit des Unbewußten als die des Bewußtseins. Diese Hypothese beruht besonders auf dem Vorkommen gewisser, als symbolisch aufzufassender Bilder, die in Träumen und visuellen Phantasien moderner Individuen oder in historischen Dokumenten festgestellt werden können. Eine der Hauptquellen symbolischer Vorstellungen hat Jung, wie bekannt, in der Alchemie gefunden. Dieser entnahm er vor allem die Vorstellung der scintillae, der Funken, die als visuelle Illusionen in der ‹Wandlungssubstanz› auftauchten, und versuchte, ihre Bedeutung in Beziehung zum Archetypus an sich zu bringen. Zum Beispiel:

"Diese Funken erklärt Khunrath als ‹radii atque scintillae› der ‹Anima Catholica›, der Allseele, die mit dem Geiste Gottes identisch sei. Aus dieser Deutung geht klar hervor, daß schon gewisse Alchemisten die psychische Natur dieser Luminositäten geahnt haben. Es seien Lichtsamen im Chaos, das Khunrath ‹mundi futuri seminarium› nennt, ausgestreut. Eine solche scintilla ist auch der menschliche Verstand. Vom ‹Fewerfunck der Seele der Weld› ist die Arkansubstanz (des Catholischen Entis Wesserige Erde/oder Irdisches Wasser) ‹Universalisch geseeliget› entsprechend Sapientia: ‹quoniam spiritus Domini replevit orbem terrarum›. Im ‹Wasser der Kunst›, in ‹unserem Wasser›, welches auch das Chaos ist, finden sich die ‹Fewerfuncken der Seele der Weld als reine Formae Rerum essentiales›. Diese formae entsprechen den Platonischen Ideen, woraus sich also eine Gleichsetzung der scintillae mit den Archetypen ergäbe, wenn man annimmt, daß die ewigen, ‹an überhimmlischem Orte aufbewahrten› Bilder Platos eine philosophische Ausprägung der psychologischen Archetypen seien. Aus dieser alchemistischen Schau müßte man den Schluß ziehen, daß die Archetypen an sich eine gewisse Helligkeit oder Bewußtseinsähnlichkeit besäßen und daß mithin der numinositas eine luminositas entspräche" (Jung 1976, G.W., Bd. 8, S. 217 f).

Dadurch zeigt sich, daß der Archetypus an sich eine gewisse Helligkeit bzw. Bewußtheit besäße, die einen numinosen Charakter habe. Jung suchte weiter, die Bewußtheit des Archetypen an sich zu beweisen. Zum Beispiel:

"Wenn wir die Archetypen mit den Funken in Vergleich setzen dürfen, so hebt hier Khunrath ‹einen› ganz besonders hervor. Dieser eine wird dann auch als Monas und Sonne bezeichnet, welche beide auf die Gottheit deuten ... Für Dorn haben die Funken eine klare psychologische Bedeutung. So sagt er: ‹Sic paulatim scintillas aliquot magis ac magis indies perlucere suis oculis mentalibus percipiet, ac in tantam excrescere lucem, ut successivo tempore quaevis innotescant, quae sibi necessaria fuerint.› Dieses Licht ist das lumen naturae, welches das Bewußtsein erleuchtet, und die scintillae sind keimhafte Luminositäten, die aus dem Dunkel des Unbewußten hervorleuchten" (ebd., S. 218 f).

Daraus kann man sehen, daß der Archetypus an sich das Licht der Natur mit einem numinosen Charakter ist, das eigentlich das Bewußtsein erleuchtet, d.h. der Archetypus an sich, als das Licht der Natur, ist die Quelle des Bewußtseins. Die echte Bewußtwerdung soll demnach stets vom Archetypus an sich berührt werden. Er ist bewußtseinstranszendent, er gehört zu seinem Wesen, laut Jung, dem 'psychoiden', d.h. psychisch-ähnlichen Bereich an. Somit kann die Bewußtheit des Archetypus an sich als ‹absolut› im Vergleich mit der relativen Bewußtheit des Ich-Bewußtseins bezeichnet werden. Diese absolute Bewußtheit hat mit dem absoluten Wissen zu tun. Jung erwähnte dieses absolute Wissen des Archetypus an sich zum Beispiel im Zusammenhang mit dem Synchronizitätsphänomen als akausal sinngemäßer Koinzidenz der physischen und psychischen Ebene. Ein Wissen akausaler Natur transzendiert die Erfahrung, durchdringt alles, das Außen wie das Innen, das Vergangene wie das Zukünftige, usw. Dieses Wissen im Unbewußten, das umfassender als das bewußte Wissen ist, nannte Jung das absolute Wissen (vgl. ebd., S. 540).

Von Franz schreibt über das absolute Wissen aus ihrer Erfahrung: "Wir könnten so alle ein Medium sein und alle das absolute Wissen haben, wenn das helle Licht unseres Ichbewußtseins es nicht verdunkeln würde. Darum braucht das Medium ein ‹abaissement du niveau mental› und muß in Trance fallen, einen schlafähnlichen Zustand, um das Wissen heraufzubringen. Bei mir selbst habe ich beobachtet, daß ich bei extremer Müdigkeit, wenn ich physisch wirklich gefährlich erschöpft bin, plötzlich das absolute Wissen habe; ich bin ihm dann viel näher, aber sobald ich ein paar Nächte gut geschlafen habe, ist diese wunderbare Gabe wieder verschwunden. Warum? Das absolute Wissen ist wie ein Kerzenlicht, und wenn das elektrische Licht unseres Ichbewußtseins brennt, kann man das Kerzenlicht nicht sehen." (von Franz 1987, S. 53) Das absolute Wissen ist auch in der Intuition ersichtlich, die Jung als "die Auffassung mittels des Archetypus von unglaublicher Präzision" betrachtet (Jung 1976, G.W., Bd. 8, S. 159).

Die absolute Bewußtheit und das absolute Wissen des Archetypus an sich sind mit der absoluten Leere (Śūnyatā) und dem absoluten Sehen (Prajnā) des Erleuchtetseins im Zen-Buddhismus verwandt. Die absolute Leere weist nicht auf etwas Nihilistisches, sondern im Gegenteil, auf die absolute Offenheit des Seins bzw. das absolute Licht, hin. Sie wird im Zen-Buddhismus als das Wesen des Menschen betrachtet; sie hat Sakyamuni, den Begründer des Buddhismus, nur durch seine Erleuchtungserfahrung selbstevident überzeugt. Das absolute Sehen weist auf das ganzheitliche Verstehen des Seins hin, im Unterschied zum diskriminierenden Wissen des Bewußtseins. Da sich das erstere auf das Sein bezieht, und das Sein keine äußere Form hat, so wird es als formloses Verstehen bezeichnet, im Vergleich mit dem letzteren als formhaft benanntes Verstehen, da es sich auf sinneswahrnehmbare formhafte Eigenschaften des Seienden bezieht.

Im weiteren zeigt sich im symbolischen Verstehen, welche Bedeutung der Archetypus an sich für das Verstehen hat.

2.3 Das symbolische Verstehen

Um etwas symbolisch verstehen zu können, soll es vorerst symbolisch betrachtet werden. Eine solche symbolische Einstellung ist eine Vorbedingung des symbolischen Verstehens. Jung erwähnt hiezu:

> "Ob etwas ein Symbol sei oder nicht, hängt zunächst von der Einstellung des betrachtenden Bewußtseins ab, eines Verstandes z.B., der den gegebenen Tatbestand nicht bloß als solchen, sondern auch als Ausdruck von Unbekannten ansieht. Es ist daher wohl möglich, daß jemand einen Tatbestand herstellt, der seiner Betrachtung keineswegs symbolisch erscheint, wohl aber einem anderen Bewußtsein. Ebenso ist der umgekehrte Fall möglich" (Jung 1976, G.W., Bd. 6, S. 517).

Die zwei unterschiedlichen Einstellungen werden somit dargetan: Die symbolische und die nicht-symbolische. Die symbolische Einstellung geht nicht nur vom rein äußerlichen Epiphänomen bzw. vom Bewußtsein, sondern auch vom Unbekannten bzw. Unbewußten aus, derweil die nicht-symbolische sich nur auf das rein äußerliche Epiphänomen bezieht. Diese symbolische Einstellung erklärte Jung auch im Zusammenhang mit der Weltanschauung wie folgt:

"Sie ist durch das Verhalten der Dinge nur zum Teil berechtigt, zum andern Teil ist sie Ausfluß einer bestimmten Weltanschauung, welche nämlich dem Geschehen, sei es im Großen oder Kleinen, einen Sinn beimißt und auf diesen Sinn einen gewissen größeren Wert legt als auf die reine Tatsächlichkeit. Dieser Anschauung steht eine andere Anschauung gegenüber, die den Akzent stets auf die reine Tatsächlichkeit legt und den Sinn den Tatsachen unterordnet. Für diese letztere Einstellung gibt es überall dort keine Symbole, wo die Symbolik ausschließlich auf der Art der Betrachtung beruht" (ebd., S. 517 f).

Diese symbolische Einstellung oder Weltanschauung ist mit jener des Taoismus verwandt, indem der Sinn des Symbols dem Tao ähnlich ist: "Man schaut nach dem Tao (dem Sinn) und sieht es nicht ... man greift nach ihm und faßt es nicht (Laotse, Tao Te King, Kap. 14). "Das Tao (der Sinn) ... läßt aber die Bilder erscheinen" (Laotse, Tao Te King, Kap. 21).

Wodurch wird dann das symbolische Verstehen gekennzeichnet? Solange das symbolische Verstehen symbolmäßig ist, muß es dem Charakter des Symbols entsprechen.

Demnach kann das symbolische Verstehen vom Charakter des Symbols verstanden werden. ‹Symbolisch› ist nach Jung eine Auffassung, die den symbolischen Ausdruck als bestmögliche und daher zunächst gar nicht klarer oder charakteristischer darzustellende Formulierung einer relativ unbekannten Sache erklärt. Ein Beispiel:

"Die Erklärung des Kreuzes als eines Symbols der göttlichen Liebe ist semiotisch, denn göttliche Liebe bezeichnet den auszudrückenden Tatbestand treffender und besser als ein Kreuz, das noch viele andere Bedeutungen haben kann; symbolisch hingegen ist diejenige Erklärung des Kreuzes, welche es über alle erdenkbaren Erklärungen hinaus als einen Ausdruck eines bis dahin unbekannten und unverstehbaren mystischen oder transzendenten, d.h., also zunächst psychologischen Tatbestandes, der sich schlechthin am treffendsten durch das Kreuz darstellen läßt, ansieht" (Jung 1976, G.W., Bd. 6, S. 515 f).

Weiter schreibt Jung über den Charakter des Symbols wie folgt:

"Solange ein Symbol lebendig ist, ist es der Ausdruck einer sonstwie nicht besser zu kennzeichnenden Sache. Das Symbol ist nur lebendig, solange es bedeutungsschwanger ist. Ist aber sein Sinn aus ihm geboren, d.h., ist derjenige Ausdruck gefunden, welcher die gesuchte, erwartete oder geahnte Sache noch besser als das bisherige Symbol formuliert, so ist das Symbol tot ... Man kann deshalb immer noch davon als von einem Symbol reden, unter der stillschweigenden Voraussetzung, daß man von dem spricht, was es war, als es seinen besseren Ausdruck noch nicht aus sich geboren hatte. ... Für jede esoterische Erklärung ist das Symbol tot, denn es ist durch die Esoterik auf einen besseren Ausdruck gebracht, wodurch es zum bloßen konventionellen Zeichen für anderwärts völliger und besser bekannte Zusammenhänge wird" (ebd., S. 516).

Damit wird ersichtlich, daß ein Symbol, das durch die Lebendigkeit gekennzeichnet ist, nur lebendig ist, solange es bedeutungsschwanger ist. ‹Bedeutungsschwanger› besagt, daß die Bedeutung eines Symbols nicht auf einen Begriff oder Ausdruck zurückgeführt werden soll. Das Symbol wird nur als solches verstanden. Es ist kein Begriff, sondern etwas zum Erleben (Symbolerlebnis). Das Sinnbild, der deutsche Ausdruck für Symbol, könnte die beiden Sphären verraten: Der Sinn, der als der Sinn des Seins nicht sinneswahrnehmbar und das Bild, das als Epiphänomen sinneswahrnehmbar ist. Der Sinn weist aber in der analytischen Psychologie auf den Archetypus an sich hin, der unanschaulich ist, und darum nicht mit Begriffen zum Ausdruck gebracht, sondern nur erlebt werden kann. Das Bild jedoch deutet auf die archetypische Vorstellung hin, wobei der Archetypus an sich diese ermöglicht. Der Sinn verhält sich zum Bild wie das Sein zum Seienden in der Daseinsanalyse, wobei das Sein das Seiende möglich macht. Was wir aber aus dem Archetypus an sich erleben können, ist seine Wirkung durch das Symbol. Was wirkt, ist für Jung Wirklichkeit, wie er schreibt: "Alle Dinge sind so, als ob sie wären. Wirkliche Dinge sind Wirkungen von etwas Unbekanntem." (Jung 1972, Briefe Bd. I, S. 82) Demnach hat Jung immer darauf hingewiesen, beim Umgang mit Symbolen in der Psychotherapie einen Blick auf die Wirkung der Symbole zu werfen. Das symbolische Verstehen kann somit als das Verstehen bzw. das Erleben der Wirkung des Archetypus an sich beim Symbol betrachtet werden. Da sich aber all die Archetypen auf den Selbstarchetypus als zentralen Archetypus beziehen und konzentrieren, weist die Wirkung des Archetypus an sich eigentlich auf die des Selbstarchetypus hin. Jedes Symbol zeigt demnach immer die Wirkung des Selbst als psychischer Ganzheit, und das symbolische Verstehen bezieht sich immer auf das Selbst.

Wenn das symbolische Verstehen als das Verstehen bzw. Erleben der Wirkung des Archetypus an sich angesehen wird, worin liegt dann der entscheidende Charakter des symbolischen Verstehens?

Es liegt im Transzendenten als dem Wesen des Archetypen an sich, das das Numinosum hervorbringt. Dieser transzendente, numinose Charakter des symbolischen Verstehens unterscheidet sich vom intellektuellen, gegenständlichen Verstehen. Ohne Numinosum kein symbolisches Verstehen. Ohne symbolisches Verstehen keine Erweiterung des Bewußtseins oder Heilung.

In diesem Sinne sagte Jung, daß der Zugang zum Numinosen die eigentliche Psychotherapie sei:

> "Das Hauptinteresse meiner Arbeit liegt nicht in der Behandlung der Neurosen, sondern in der Annäherung an das Numinose. Es ist jedoch so, daß der Zugang zum Numinosen die eigentliche Psychotherapie ist, und insoweit man zu den numinosen Erfahrungen gelangt, wird man vom Fluch der Krankheit erlöst. Die Krankheit selbst nimmt numinosen Charakter an" (ebd., S. 465).

Demzufolge darf man wohl sagen, daß, wenn es nicht gelingt, eine Beziehung zum Numinosen herzustellen, es kein symbolisches Verstehen, keine Heilung im eigentlichen Sinne gibt, sondern höchstens eine Besserung der sozialen Anpassung durch ein intellektuelles Verstehen ermöglicht wird.

Wegen dieses numinosen Charakters des kollektiven Unbewußten bzw. des Selbst wird diesem eine religiöse Funktion zugeschrieben, und die religiöse Einstellung des Ich-Bewußtseins als eine Grundhaltung des Verstehens betrachtet.

Es läßt sich somit sagen, daß der wesentliche Charakter des Verstehens in der analytischen Psychologie im Transzendenten und Numinosen des Archetypus an sich liegt, wo sich die Gegensätze des Bewußtseins und des Unbewußten in die psychische Ganzheit transzendieren und dadurch das Selbst erfahren wird.

Dieser transzendente, numinose Charakter des Verstehens zeigt sich nachfolgend in der Methode des symbolischen Verstehens.

3 Die Methode des symbolischen Verstehens

Wenn man Jungs Werk im Zusammenhang überblickt, so ist leicht festzustellen, daß phänomenologische Empirie und philosophische Reflexion in einer dialektischen Beziehung zueinanderstehen, wobei man eine Wandlung von der naturwissenschaftlichen Einstellung zur philosophischen sieht. Am Wegesanfang machte Jung ein wichtiges Experiment, mit dem er in das Unbewußte vorstieß. Es handelt sich um ein Assoziationsexperiment mit Stoppuhr und Reizworten, mit klaren, technisch eindeutigen Anweisungen für jeden Wissenschaftler nachvollziehbar und wiederholbar. Noch ganz unter der Führung der klinischen Untersuchungsmethoden entstand eine Phänomenologie, in der Jung in seinem Buch ‹Psychologie und Religion› seinen methodologischen Standpunkt ausschließlich mit ‹phänomenologisch› bezeichnet hat (Vgl. Jung 1973, G.W., Bd. 11, S. 2). Die Begegnung mit der unbekannten Psyche führte ihn in eine Richtung, die ihn völlig abseits von aller Technik und Methode ließ. Sein Wegführer war von nun an nicht mehr die Optik eines voreingenommenen Rasters, durch den die wahrgenommenen Phänomene, geordnet und vorprogrammiert, einem erwarteten Ergebnis unterstellt wurden, sondern er machte sich selber auf die Erfahrungssuche nach der Begegnung mit der unbekannten Psyche. Damit wird der Begriff der Erfahrung bei Jung in methodischer Sicht als ein zentraler Begriff betrachtet. Sein Erfahrungsbegriff entspricht natürlich nicht dem der am positivistischen Empirismus orientierten Naturwissenschaft, deren Merkmal darin besteht, daß die beobachteten Phänomene der vorausgesetzten rationalistischen Theorie untergeordnet werden. Die naturwissenschaftliche Erfahrung führt zu Urteilen, die bereits in der Theorie vorgebildet sind.

Jungs Erfahrungsbegriff steht darin der phänomenologischen Tatsachenschau nahe, daß er seine theoretischen Überlegungen unmittelbar aus den beobachteten Phänomenen herleitet.

Jung verwendet an Stelle von Erfahrung vorzugsweise den Begriff ‹Erlebnis›. Für ihn ist das Erleben nicht nur ein Ergreifen der Dinge als Wissensbegegnung, sondern mehr noch ein von den Dingen Ergriffen-Werden als Begegnung mit dem Numinosen. In diesem Zusammenhang war Jung mißtrauisch gegenüber Begriffen, da das eigentliche Erlebnis durch die Begriffe ersetzt wird, "die eventuell nicht auf unserem Boden gewachsen und namentlich nicht mit unserem Herzen verknüpft sind, sondern bloß mit dem Kopf. Das Surrogat macht die Menschen schattenhaft und unwirklich; sie setzen leere Wörter an Stelle von lebendigen Wirklichkeiten und schrauben sich damit aus dem Erleiden der Gegensätze hinaus und empor in eine blasse, zweidimensionale Schemenwelt, wo alles lebendig Schöpferische verwelkt und abstirbt" (Jung 1974, G.W., Bd. 7, S. 85). "Man will mit sogenannten klaren Begriffen die Wirklichkeit des Lebens zudecken" (Jaffé (Hrsg.) 1982, S. 150). Aus diesem Grunde wehrte er sich stets dagegen, daß er sogenannte Systeme aufbauen wolle, und er erklärte öfters als Psychotherapeut, er wende keine Neurosenlehre an, er behandle einen Fall X nicht nach Freud oder Adler, auch nicht nach Jung, wohl aber nach dem Fall X. Und an einer anderen Stelle bezeichnet Jung seine Methode als einen Erlebensprozeß, womit ihre Beziehung zum Individuationsprozeß, der verstandesmäßig nicht erfaßt, jedoch nur erlebt werden kann, zum Ausdruck kommt.

Solange aber das Verstehen wesentlich mit dem Erlebnis, und das Erlebnis mit der Persönlichkeit zu tun hat, hängt die Verstehensmethode eng mit der Persönlichkeit zusammen, so wie Jung über die Methode schreibt:

"Die Methode ist ja nur der Weg und die Richtung, die einer einschlägt, wobei das Wie seines Handelns der getreue Ausdruck seines Wesens ist. Ist es das aber nicht, so ist die Methode nicht mehr als eine Affektation, künstlich hinzugelernt, wurzel- und saftlos, dem illegalen Zweck der Selbstverschleierung dienend, ein Mittel, sich über sich selbst zu täuschen und dem vielleicht unbarmherzigen Gesetz des eigenen Wesens zu entgehen" (Jung-Wilhelm 1986, S. 5).

Und an anderer Stelle schreibt er:

"Jeder Psychotherapeut hat nicht nur seine Methode: er selber ist sie" (Jung 1976, G.W., Bd. 16, S. 94).

Die Bedeutung der Persönlichkeit für die Methode der analytischen Psychologie zeigt sich zum Beispiel in dem von Toni Wolff geprägten Begriff der ‹psychologischen Urteilskraft›. Ihre Voraussetzung ist eine realistische und illusionslose Einstellung sich selber gegenüber, das persönliche Erlebnis des Objektiv-Psychischen, des Individuationsprozesses. Toni Wolff zeigt als weitere Momente auf: "Eine gute Dosis gesunden Menschenverstandes, eine wiedergewonnene höhere Art von Naivität, ein gänzlich dogmenfreier, aufgeschlossener Blick für das psychische Phänomen auch in seiner banalsten und bizarrsten Form. Und schließlich ist die psychologische Urteilskraft auch der Ausdruck einer spezifischen Begabung, die wiederum ein komplexes Gebilde ist von hereditärer Bestimmung, persönlicher Lebensbedingungen und -erfahrungen und dem Schöpferischen der Psyche selbst" (Wolff 1935, S. 67).

Das Erlebnis und die Persönlichkeit charakterisieren somit die Methode des symbolischen Verstehens in der analytischen Psychologie. Unter der Methode kommen nachstehend folgende Methoden zur Sprache: Die aktive Imagination und die synthetische oder konstruktive Methode, die methodisch im Mittelpunkt stehen.

3.1 Die aktive Imagination

Die verschiedenen Ausführungen von Jung über die aktive Imagination sind über sein ganzes Werk verstreut. Er hat bereits 1913 die ersten Selbstversuche in der aktiven Imagination durchgeführt, und sie 1916, allerdings noch ohne Begriffsbenennung, unter Bezugnahme auf die transzendente Funktion beschrieben, wobei diese Arbeit später in seiner Abhandlung ‹Die transzendente Funktion› erschienen ist (Vgl. Jung 1976, G.W., Bd. 9/I, S. 79 ff). Eine ausführliche Darstellung erfolgte in seinem Vortrag ‹Ziele der Psychotherapie› (Vgl. Jung 1976, G.W., Bd. 16, S. 38 ff), in seiner Abhandlung ‹Die Beziehungen zwischen dem Ich und dem Unbewußten› (Vgl. Jung 1974, G.W., Bd. 7, S. 137 ff) sowie in seinem Alterswerk, dem ‹Mysterium Coniunctionis›.

Die aktive Imagination ist eine von Jung benannte Methode der Introspektion, nämlich der Beobachtung des Flusses der Phantasiebilder.

Diese Phantasiebilder können aus einem Traum stammen, spontan aufgetaucht sein, einer Stimmung oder einem Affekt entspringen, d.h. also praktisch jedem emotional deutlich aufgeladenen inneren Erlebnis zuzuschreiben sein. Für Jung "erscheint die Phantasie als ein Symbol, das mit Hilfe der vorhandenen Materialien ein bestimmtes Ziel oder vielmehr eine gewisse zukünftige psychische Entwicklungslinie zu kennzeichnen oder zu erfassen sucht" (Jung 1976, G.W., Bd. 6, S. 499). "Die Phantasie ist der unmittelbare Ausdruck der psychischen Lebenstätigkeit, der psychischen Energie, die dem Bewußtsein nicht anders als in Form von Bildern oder Inhalten gegeben ist" (ebd., S. 500). Die Bedeutung der Phantasie liegt aber in ihrer schöpferischen Betätigung, wie Jung schreibt:

> "Sie ist mir in letzter Linie die mütterliche Schöpferkraft des männlichen Geistes ... Alle Menschenwerke entstammen der schöpferischen Phantasie ... Die schöpferische Betätigung der Einbildungskraft entreißt den Menschen seiner

Gebundenheit im ‹Nichts-als› und erhebt ihn in den Zustand des Spielenden. Und der Mensch ist, wie Schiller sagt, ‹nur da ganz Mensch, wo er spielt›" (Jung 1976, G.W., Bd. 16, S. 48 f).

Und an anderer Stelle schreibt er:

"Der schöpferische Weg ist der Beste, dem Unbewußten zu begegnen. Denken Sie sich z.B. eine Phantasie aus und gestalten Sie sie mit allen Ihnen zur Verfügung stehenden Kräften. Gestalten Sie sie, als wären Sie selber die Phantasie oder gehörten zu ihr, so wie Sie eine unentrinnbare Lebenssituation gestalten würden" (Jung 1972, Briefe Bd. I, S. 146).

Jung hat gefunden, daß eine schöpferische, heilsame Wirkung eintritt, wenn man versucht, im Wachzustand Phantasiebilder als die Inhalte des Unbewußten zu betrachten, und sich mit ihnen bewußt auseinanderzusetzen. Dies kann durch Malen, Modellieren, und hauptsächlich durch die aktive Imagination, in welcher das Gespräch mit inneren Figuren eine besonders wichtige Rolle spielt, geschehen. Über die Wichtigkeit der aktiven Imagination im Vergleich zum Traum schreibt von Franz: "Vergleicht man die aktive Imagination mit Traum, so sieht man, daß die Beteiligung des Bewußtseins denselben Inhalten einen wesentlich einheitlicheren, konzentrierteren und oft auch dramatischeren Charakter verleiht. Im Gegensatz zum Traum, der ein reines Erzeugnis des Unbewußten darstellt, verleiht die aktive Imagination demjenigen seelischen Faktor Ausdruck, den Jung als die transzendente Funktion bezeichnet, d.h. diejenige Funktion, welche eine Synthese der bewußten und unbewußten Persönlichkeit zuwege bringt. Daher bewirkt die aktive Imagination gleichsam eine intensiviertere und – verglichen mit der bloßen Traumanalyse – beschleunigte Reifung der Persönlichkeit." (von Franz 1958, S. 136 f) Aus diesem Grund nennt Jung die aktive Imagination "den unentbehrlichen zweiten Teil jeder Analyse, die in die Tiefe gehen soll." (Jung 1972, Briefe, Bd. II, S. 76) Bei der aktiven Imagination konzentriert sich der Imaginierende auf ein Phantasiebild, nachdem er die nicht dazugehörigen Einflüsse abgeschaltet hat; er muß am Bild festhalten und warten, bis es sich von selbst wandelt; er beobachtet das Bild eingehend und genau, wie es sich entfaltet und zu verändern beginnt; es folgt nun der entscheidende Schritt: Der Imaginierende geht selbst ins Bild hinein; er handelt mit, entsprechend der gegebenen Situation, er spricht mit, wenn auftretende Personen die Möglichkeit zum Sprechen bieten, wie Jung einem Patienten ausführliche Anweisungen in bezug auf die aktive Imagination gegeben hat:

"Bei der aktiven Imagination kommt es darauf an, daß Sie mit irgendeinem Bild beginnen ... Betrachten Sie das Bild genau, wie es sich zu entfalten oder zu verändern beginnt. Vermeiden Sie jeden Versuch, es in eine bestimmte Form zu bringen, tun Sie einfach nichts anderes als zu beobachten, welche Wandlungen spontan eintreten. Jedes seelische Bild, das Sie auf diese Weise beobachten, wird sich früher oder später umgestalten, und zwar auf Grund einer spontanen Assoziation, die zu einer leichten Veränderung des Bildes führt. Ungeduldiges Springen von einem Thema zum andern ist sorgfältig zu vermeiden. Halten Sie an dem einen von Ihnen gewählten Bild fest und warten Sie, bis es sich von selbst wandelt. Alle diese Wandlungen müssen Sie sorgsam beobachten und müssen schließlich selbst in das Bild hineingehen: Kommt eine Figur vor, die spricht, dann sagen auch Sie, was Sie zu sagen haben, und hören auf das, was er oder sie zu sagen hat. Auf diese Weise können Sie nicht nur Ihr Unbewußtes analysieren, sondern Sie geben dem Unbewußten eine Chance, Sie zu analysieren. Und so erschaffen Sie nach und nach die Einheit vom Bewußtsein und Unbewußten, ohne die es überhaupt keine Individuation gibt" (ebd., S. 75 f).

Somit setzt sich die aktive Imagination aus zwei Teilen zusammen: Das Geschehenlassen des Unbewußten und die dialektische Auseinandersetzung mit dem Unbewußten, wobei jedoch die letztere im allgemeinen als die aktive Imagination benannt wird.

3.1.1 Die aktive Imagination als Geschehenlassen

Der erste Teil der aktiven Imagination ist durch das Geschehenlassen gekennzeichnet. Jung betonte vor allem die Kunst des psychischen Geschehenlassens als Voraussetzung für die dialektische Auseinandersetzung mit dem Unbewußten. Beim psychischen Geschehenlassen geht es um eine beabsichtigte Schwächung des Bewußtseins und dessen Einfluß, der das Unbewußte einschränkt und unterdrückt.

Der Imaginierende läßt dem Unbewußten stets freie Hand. Er geht nicht von Standardvorstellungen aus. Er läßt die Phantasiebilder nicht manipulieren, sondern gestattet ihnen, sich zu entfalten. Die Bedeutung des Geschehenlassens besteht sozusagen darin, die schöpferische Betätigung der Phantasie sich ereignen zu lassen. Jung schreibt über die Bedeutung des Geschehenlassens im Zusammenhang mit dem östlichen Weg zum nirdvandva (frei von Gegensätzen):

> "Und was taten diese Menschen, um den erlösenden Fortschritt herbeizuführen? Soweit ich sehen konnte, taten sie nichts (Wu-Wei), sondern ließen geschehen, wie der Meister Lü Dsu es lehrt, daß das Licht nach eigenem Gesetz rotiere, wenn man seinen gewöhnlichen Beruf nicht aufgebe. Das Geschehenlassen, das Tun im Nicht-Tun, das Sich-Lassen des Meisters Eckart wurde mir zum Schlüssel, mit dem es gelingt, die Türe zum Weg zu öffnen: man muß psychisch geschehen lassen können. Das ist für uns wahre Kunst, von welcher unzählige Leute nichts verstehen, indem ihr Bewußtsein ständig helfend, korrigierend und negierend dazwischenspringt und auf alle Fälle das einfache Werden des psychischen Prozesses nicht in Ruhe lassen kann." (Jung-Wilhelm 1986, S. 13 f)

Es ist aber nicht einfach, psychisch geschehen zu lassen, weil das Bewußtsein wegen seiner intellektuellen, rationalistischen Einstellung ausgiebige Einwände erhebt. Das Bewußtsein zeigt sich öfters wie erpicht darauf, die spontane Phantasietätigkeit auszulöschen, wodurch es sich verkrampft. Wenn aber das Geschehenlassen gelingt, dann wird eine neue Einstellung geschaffen, die das Irrationale und Unbegreifliche annimmt. Diese Einstellung hat mit der symbolischen Einstellung zu tun, deren Bedeutung bereits erwähnt worden ist. Von dieser Einstellung her kann die Phantasietätigkeit oder das Phantasiebild als symbolisch betrachtet werden. Ohne symbolische Betrachtung kann das Phantasiebild nicht geschehen. Daraus kann man schließen, daß die symbolische Betrachtung eine Voraussetzung für das psychische Geschehenlassen ist. In diesem Zusammenhang macht Jung zum ‹Betrachten› folgende Bemerkungen:

> "Betrachtung, psychologisch gesehen, bringt eine Belebung des Objektes hervor. Es ist, als ob etwas vom geistigen Auge ausginge, das den Gegenstand verändert. Betrachten hat auch die Bedeutung von ‹trächtig machen›. Sich auf ein Ding konzentrieren heißt also auch, es trächtig machen, einen Prozeß in Gang bringen. Das Ding wird lebendig, es verändert sich, es vervielfältigt sich. Dasselbe geschieht mit einem Phantasiebild. Man konzentriert sich darauf und hat dann große Mühe, es ruhig zu halten; es beginnt sich zu bewegen, es wird unruhig, etwas kommt hinzu, es vervielfältigt sich. Man erfüllt es mit lebendiger Kraft und es wird ‹trächtig›" (Jung 1976, The Visions Seminars, Book Two, S. 26).

Man kann wahrnehmen, ob der Imaginierende ein Phantasiebild als symbolisch betrachtet oder nicht, ob er es ernst nimmt oder nicht. Wenn zum Beispiel jemand sich mit einem Phantasiebild eines Löwen, der auf ihn zukommt, auseinandersetzt, und keine Reaktion, beispielsweise Furcht, Abwehr, Staunen, etc. zeigt, dann würde es beweisen, daß er das Bild des Löwen nicht völlig ernst nimmt, sondern in seinem Innern denkt: Es wäre ja nur ein Phantasie-Löwe und nicht als ein psychisch wirklicher Löwe zu nehmen. Dies weist auch darauf hin, daß "der Imaginierende nicht wirklich als er selber, sondern als fiktive Persönlichkeit in das innere Geschehen tritt" (Jung 1972, G.W., Bd. 14/2, S. 307). Mit der echten symbolischen Betrachtung beginnt also ein Symbol zu entstehen.

Es ist ein Anfang der transzendenten Funktion, nämlich der Zusammenwirkung unbewußter und bewußter Daten, damit sich der Imaginierende anschließend wirklich mit dem symbolischen Bild auseinandersetzen kann.

3.1.2 Die aktive Imagination als dialektische Auseinandersetzung

Wenn ein Phantasiebild wirklich geschieht, indem es sich entfaltet und sich zu verändern beginnt, dann geht der Imaginierende ins Bild hinein und setzt sich mit ihm auseinander. "Dies ist der zweite und wichtigere Teil der Prozedur, die Annäherung der Gegensätze und die Entstehung eines Dritten: der transzendenten Funktion" (Jung 1976, G.W., Bd. 8, S. 104). Wie zeigt sich die dialektische Auseinandersetzung zwischen dem Ich und dem Phantasiebild? Darüber schreibt Jung:

> "Die Art und Weise, wie diese Auseinandersetzung geführt werden kann, läßt sich am ehesten dartun in jenen Fällen, wo die ‹andere› Stimme mehr oder weniger deutlich vernommen wird. Es ist für solche Leute technisch sehr einfach, die ‹andere› Stimme schriftlich zu fixieren und auf deren Aussagen vom Standpunkt des Ich aus zu antworten. Es ist so, wie wenn ein Dialog zwischen zwei gleichberechtigten Personen stattfände, in welchem jeder dem anderen ein gültiges Argument zutraut und es deshalb der Mühe wert hält, die gegensätzlichen Standpunkte durch gründliche Vergleichung und Diskussion einander anzugleichen oder sie klar zu unterscheiden ... Das Hin und Her der Argumente und Affekte stellt die transzendente Funktion der Gegensätze dar. Die Gegenüberstellung der Position bedeutet eine energiegeladene Spannung, die Lebendiges erzeugt, ein Drittes, das keine logische Totgeburt ist, ... sondern eine Fortbewegung aus der Suspension zwischen Gegensätzen, eine lebendige Geburt, die eine neue Stufe des Seins, eine neue Situation herbeiführt" (ebd., S. 105 f).

Auf diese Weise kann man sehen, daß die dialektische Auseinandersetzung durch die transzendente Funktion gekennzeichnet wird. In der dialektischen Auseinandersetzung handelt es sich also um etwas anderes als Deutung, in welcher der Deuter schon im voraus etwas weiß, damit er deuten kann, d.h. es handelt sich um das Erleben des Phantasiebildes, wodurch die unbewußten Vorgänge, die in Form von Phantasien ins Bewußtsein treten, ausgelöst werden. Beim Erleben des Phantasiebildes ist es als Symbol das, was im Imaginierenden wirkt. "Und was in ihm wirkt, das ist er selbst, aber nicht mehr im Sinne des früheren Mißverständnisses, wo er sein persönliches Ich für sein Selbst hielt, sondern in einem neuen, ihm bisher fremden Sinne, wo sein Ich als Objekt des in ihm Wirkenden erscheint" (ebd., G.W., Bd. 16, S. 52). Es sind Veränderungen der Standpunkte und Werte, Verschiebungen des Gravitationszentrums der Persönlichkeit. "Es ist wie wenn die Erde die Sonne als das Zentrum der Planetenbahnen und ihrer eigenen Bahn entdeckt hätte." (ebd., S. 52) Die Bedeutung der dialektischen Auseinandersetzung besteht also im Erleben des Phantasiebildes oder in dessen symbolischem Verstehen, das sich vom intellektuellen Verstehen unterscheidet. Das intellektuelle Verstehen mißt den inhaltlichen Aspekten der unbewußten Produkte zuviel Gewicht bei und läßt dadurch deren essentiell symbolischen Charakter verlorengehen. Was für das intellektuelle Verstehen fehlt, ist gerade das Verstehen vom Sinngehalt der unbewußten Produkte und deren Wert für das Subjekt. Daraus ergibt sich mit ihnen eine Identifikation, die das Bewußtsein verdunkelt, und, falls sie sich mit den kollektiven Inhalten identifiziert, zu Schwierigkeiten, zum Beispiel zu einer psychischen Inflation, führt. Dieses Problem wurde beispielsweise von Roger Walsch und Frances Vaughan zur Diskussion gestellt, und sie schreiben: "Durch die Identifikation des unbewußten Inhaltes mittels des intellektuellen Verstehens wird das Bewußtsein nicht erweitert, sondern eher verengt, indem das Bewußtsein von den sogenannt bewußtgemachten Inhalten, die doch im Grunde unbewußt sind, besetzt wird" (Walsch & Vaughan 1980, S. 12 ff).

In diesem Zusammenhang erklärt Laotse, der Begründer des Taoismus, den Unterschied des ganzheitlichen Verstehens (symbolischen Verstehens) im Vergleich zum intellektuellen Verstehen wie folgt: "Wer das intellektuelle Lernen übt, vermehrt täglich, wer Tao (ganzheitliches Verstehen) übt, vermindert täglich. Es vermindert und vermindert, bis es schließlich zum ‹Nichts› (Nichtmachen, Wu-Wei auf Chinesisch) wird" (Laotse, Tao Te King, Kapitel 48).

Es leuchtet somit ein, daß das Verstehen oder Bewußtmachen des Sinnes, nicht aber der inhaltlichen Aspekte der unbewußten Produkte, es ermöglicht, das Bewußtsein zu erweitern, den dominierenden Einfluß des Unbewußten abzubauen und schließlich eine Persönlichkeit zu verändern.

Mit der Persönlichkeitsveränderung meint Jung "keine Änderung in der ursprünglichen hereditären Veranlagung, sondern eine Veränderung der allgemeinen Einstellung. Jene scharfen Trennungen und Oppositionen zwischen dem Bewußtsein und dem Unbewußten beruhen fast immer auf einer bemerkenswerten Einseitigkeit, welche einer oder zwei Funktionen den absoluten Vorzug gibt, wodurch die anderen ungebührlich in den Hintergrund gedrängt werden. Durch das Erleben und Bewußtmachen der Phantasie werden die unbewußten und minderwertigen Funktionen dem Bewußtsein assimiliert: Ein Vorgang, der natürlich nicht ohne tiefgehende Wirkung auf die Einstellung des Bewußtseins verläuft" (Jung 1974, G.W., Bd. 7, S. 241). Diese Persönlichkeitsveränderung, die durch die Auseinandersetzung mit dem Unbewußten erzielt wird, hat Jung als transzendente Funktion bezeichnet, weil sie sich eben in der transzendenten Funktion ausdrückt. Ohne transzendente Funktion keine Persönlichkeitsveränderung. "Die aktive Imagination ist letztlich die Verkörperung der transzendenten Funktion und ermöglicht ein kreatives Umgehen mit sich selbst" (Kast 1986, S. 96).

Zum Schluß wird die aktive Imagination mit der Zen-Meditation verglichen, damit die Bedeutung der aktiven Imagination in bezug auf das Verstehen hervorgebracht werden kann. In der Zen-Meditation wird die Verneinung der psychischen Bilder wiederholt betont. Bei der Zen-Übung kommen aber unvermeidlich verschiedene Bilder vor. Wie kann man diese Bilder verneinen? Was heißt die Verneinung der psychischen Bilder? Dies heißt nicht, diese Bilder zu unterdrücken oder zu verdrängen, sondern sich mit ihnen zu konfrontieren, bis ihr Sinn verstanden wird. Die Zen-Meister warnen daher davor, die psychischen Bilder zu unterdrücken oder zu verdrängen, was nicht selten bei der Zen-Übung stattfindet und zu einer psychischen Störung führt. Als Anhaltspunkt wird zur Diskussion gestellt, daß von Franz die Zen-Meditation und aktive Imagination vergleichsweise erwähnt hat:

> "In der völlig programmlosen Freiheit gleichen die Annäherungsschritte zum Satori- (Erleuchtung) Erlebnis des Zen-Buddhismus dem Jungschen Vorgehen vielleicht auch noch am ehesten. Auch hier besteht einzig die Tatsache, daß manche Meister eine wirkliche Erfahrung des Selbst besitzen und aus ihr heraus leben ... Der einzige Unterschied zur Jungschen aktiven Imagination ... liegt in folgendem: im Zen-Buddhismus, so wenigstens versicherte mir in einer Diskussion einmal Prof. D.T. Suzuki –, werden aufsteigende Phantasiebilder und Träume nicht als wesentlich angesehen, sondern im Gegenteil als verhältnismäßig unwesentliche Elemente, welche das ‹wahre Wesen› noch verdecken. Der Meister versucht den Schüler davon loszulösen, wie von seinen anderen falschen Ich-Verhaftungen. In der aktiven Imagination Jungs hingegen bücken wir uns vorurteilslos nach jedem Symbolfragment, das uns unsere Seele anbietet, und setzen uns damit auseinander, da es uns eher als Vorbote oder Teil – vielleicht verkannter Teil – des Selbst erscheinen möchte" (von Franz 1958, S. 146 f).

Es stellt sich nun zuerst die Frage, ob die psychischen Bilder im Zen-Buddhismus tatsächlich als unwesentlich betrachtet werden.

Das Bild (die Form) und sein wahres Wesen (die Leere) werden im Zen-Buddhismus miteinander verglichen, wie sie zum Beispiel häufig mit dem Wasser und seinen Wellen allegorisch dargestellt sind. Wenn das Wasser und seine Wellen von der Form her betrachtet werden, sind sie verschieden, da das Wasser keine Form, seine Wellen jedoch eine solche haben. Betrachtet man sie jedoch vom

Wesen her, sind sie als Wasser dasselbe. Deshalb heißt es im Zen-Buddhismus: Die Form ist die Leere, die Leere ist die Form. (Rupam śūnyatā, śūnyateva rupam in Sanskrit ausgedrückt). Mit anderen Worten: Das Bild ist das wahre Wesen, das wahre Wesen ist das Bild. Der Grund, warum die Bilder im Zen-Buddhismus immer verneint und als unwesentlich betrachtet werden, liegt darin, daß die meisten Meditierenden beim Sehen eines Bildes dazu neigen, am Bild anzuhängen, ohne den Sinn desselben zu verstehen. Das heißt, die Unterscheidung von der Form und der Leere oder vom Bild und seinem wahren Wesen, ist nur für die Ausbildung künstlich geschaffen. Beide sind also, wirklich gesehen, dasselbe. Wir wissen demzufolge, daß die psychischen Bilder im Zen-Buddhismus nicht als unwesentlich angesehen werden.

Wie kann sich dann die aktive Imagination zur Zen-Meditation verhalten? In der aktiven Imagination konzentriert sich der Imaginierende auf das konstellierte Phantasiebild und setzt sich mit ihm auseinander, d.h. die aktive Imagination geht immer von einem bestimmten Bild aus. Dies ist mit dem Koan-Zen vergleichbar. Bei der Zen-Meditation gibt es zwei verschiedene Arten: Die eine ‹Zen mit Koan› (Koan-Zen), und die andere ‹Zen ohne Koan›. Koan heißt im allgemeinen ein rätselhaftes Problem als Antwort des Zen-Meisters auf eine Frage des Schülers. Dieses Problem soll während der Zen-Übung gelöst werden. Das Koan scheint paradox und irrational. Zum Beispiel: Als ein Schüler den Zen-Meister Zozu fragte, ob ein Hund wie ein Mensch auch eine Buddhaschaft habe, antwortete er mit ‹nein›. Als ihm der Schüler ein andermal die gleiche Frage stellte, erhielt er als Antwort ein ‹ja›. Somit kann man nicht wissen, welches nun die richtige Antwort ist und wird verwirrt. Das Koan wird aus diesem Grund als ein rätselhafte Zweifel hervorrufendes Problem bezeichnet. Die richtige Antwort liegt weder im ‹Ja› noch im ‹Nein›, sondern im ‹sowohl› als ‹auch›. Was also das Koan als paradox und irrational erscheinen läßt, entsteht dadurch, daß man die Antwort nur im Rahmen des Zusammenhanges von

‹Ja› und ‹Nein› zu finden versucht, nicht aber von der Einheit und Ganzheit her.

Folglich kann man sehen, daß das Koan einen ganzheitlichen, symbolischen Charakter hat, und kein Unterschied zum Phantasiebild als dem Symbol bestehen könnte.

Da das Koan somit einen ganzheitlichen, symbolischen Charakter hat und dementsprechend verstanden wird, bezeichnet man es als ‹lebendiges Wort› gleich dem Symbol in seiner Lebendigkeit in der analytischen Psychologie.

Wie erwähnt, ist das Koan eine Antwort des Zen-Meisters auf eine Frage des Schülers, die während der Zen-Übung eine klärende Erwiderung bedingt, wobei der Zen-Meister als Erleuchteter auf das Selbst und der Schüler, welcher intellektuell dualistisch orientiert ist, auf das bewußte Ich hinweisen könnte. Das Koan, als Antwort des Zen-Meisters, wäre möglicherweise mit dem Phantasiebild des Unbewußten, des Selbst, vergleichbar, auf das der Schüler oder der Imaginierende sich konzentriert und mit dem er sich auseinandersetzt. Wenn das Koan als Bild wirklich verstanden wird, verschwindet es und wird zur Funktion der ganzen Psyche, ähnlich wie sich der Imaginierende zum Beispiel mit einem Bild von anima aktiv befaßt, verschwindet es und wird zur Funktion der Beziehung von Bewußtsein und Unbewußtem. Daraus könnte man schließen, daß das Koan im Zen-Buddhismus und das Phantasiebild in der aktiven Imagination im Grunde keinen unterschiedlichen Charakter haben, so daß das Phantasiebild aus der Sicht der Zen-Meditation als Koan angesehen werden könnte.

3.2 Die synthetische oder konstruktive Methode

Jung gebraucht ‹synthetisch› und ‹konstruktiv› zur Bezeichnung einer Methode, die der reduktiven Methode Freuds entgegengesetzt ist (Vgl. Jung 1976, G.W., Bd. 6, S. 488). Unter der reduktiven Methode Freuds versteht man jene psychologische Deutungsmethode, die das unbewußte Produkt nicht unter dem Gesichtspunkt des symbolischen Ausdrucks, sondern als semiotisch, als Zeichen oder Symptom eines grundlegenden Vorgangs auffaßt. Das unbewußte Produkt wird dementsprechend im Sinne einer Zurückführung auf die Elemente, auf die Grundvorgänge, seien sie nun Reminiszenzen an wirklich stattgehabte Ereignisse oder seien sie elementare, die Psyche affizierende Vorgänge, behandelt (Vgl. ebd., S. 502 f). Die konstruktive Methode hingegen geht vom unbewußten Produkt, von einem symbolischen Ausdruck, der vorausgreifend ein Stück psychologischer Entwicklung darstellt, aus. Sie beschäftigt sich demnach nicht mit den dem unbewußten Produkt zugrundeliegenden Quellen oder Ausgangsmaterialien, sondern versucht, für das symbolische Produkt einen allgemeinen und verständlichen Ausdruck zu finden (Vgl. Jung 1974, G.W., Bd. 7, S. 145 ff). "Die reduktive Methode behandelt das Material analytisch, die Gegenwart in die Vergangenheit auflösend, die konstruktive Methode synthetisch aus der aktuellen Situation gegen die Zukunft hin aufbauend, indem sie versucht, die Beziehungen zwischen dem Bewußtsein und dem Unbewußten, d.h. allen psychischen Gegensatzpaaren, herzustellen, um die Persönlichkeit mit einer Grundlage zu versehen, auf die ein dauerndes psychisches Gleichgewicht gegründet werden kann" (Jacobi 1971, S. 102). Wenn die reduktive Methode ein ‹Verstehen nach rückwärts› ist, so ist die konstruktive Methode ein ‹Verstehen nach vorwärts› (Vgl. Jung 1971, G.W., Bd. 3, S. 201). Während die Frage nach dem ‹warum› für den kausal-reduktiven Gesichtspunkt Freuds von vordergründigem Interesse ist, steht für den final-konstruktiven Gesichtspunkt Jungs die Frage nach dem ‹wozu› im Mittelpunkt seiner Aufmerksamkeit.

In den frühen Schriften Jungs herrscht allerdings noch der Einfluß von Freuds reduktiver Methode vor. Die Beobachtung der antizipierenden Bedeutung der Träume veranlaßte ihn aber zur Distanzierung von der kausal-reduktiven Methode und zur Einführung der synthetischen oder konstruktiven Methode. Jung wollte aber keineswegs die Bedeutung des reduktiven Verfahrens leugnen und schreibt:

"Wenn ein psychisches Faktum erklärt werden soll, müsse man sich daran erinnern, daß das Psychische eine doppelte Betrachtungsweise erfordere, nämlich die kausale und finale" (Jung 1976, G.W., Bd. 8, S. 269).

Und an anderer Stelle schreibt er:

"Ein Mensch ist nur halb verstanden, wenn man weiß, woraus alles bei ihm entstanden ist. Wenn es nur daran läge, so könnte ein Mensch ebensogut schon längst gestorben sein. Als Lebender ist er aber nicht begriffen; denn das Leben hat nicht nur ein Gestern, und es ist nicht geklärt, wenn das Heute auf das Gestern reduziert wird. Das Leben hat auch ein Morgen, und das Heute ist nur dann verstanden, wenn wir zu unserer Kenntnis dessen, was Gestern war, noch die Ansätze zum Morgen hinzufügen können" (Jung 1974, G.W., Bd. 7, S. 49).

Jung betrachtete aber die finale Betrachtungsweise als wesentlich und primär aus seiner Annahme, daß allen psychischen Phänomenen die immanente psychologische Zielstrebigkeit bzw. ein Zwecksinn zum Gleichgewicht der Psyche innewohne. Die Frage nach der Ursache wird also jener nach dem Sinn und Zweck, die Frage nach dem ‹warum› jener nach dem ‹wozu› untergeordnet. Die Ursache wird als Mittel zum Zweck (Zweckursache), nicht aber als unveränderliche Substanz zur Reduzierung verstanden (Vgl. ebd., S. 14). Von der finalen Auffassung her, hat das psychische Phänomen einen Zwecksinn zur Ganzheit, d.h. das psychische Phänomen ist ein Bild, das den Zwecksinn enthält. Dieses Bild wird als symbolisch gesehen und dementsprechend symbolisch verstanden. Für dieses Bild gilt deshalb nicht die kausal-reduktive Methode, wie Jung schreibt:

"Dieses Verfahren erreicht sein Ende in dem Moment, wo sich die Traumsymbole nicht mehr auf persönliche Reminiszenzen oder Strebungen reduzieren lassen, d.h. wenn die Bilder des absoluten Unbewußten reproduziert werden. Es wäre ganz sinnlos, diese Kollektivideen auf Persönliches reduzieren zu wollen, und nicht nur sinnlos, sondern direkt schädlich, wie mich die Erfahrung unliebsam lehrte. Die Bilder oder Symbole des absoluten Unbewußten geben nur dann Werte von sich, wenn sie einer synthetischen (nicht analytischen) Behandlung unterworfen werden. Wenn die Analyse (das kausal-reduktive Verfahren) das Symbol in seine Komponenten zersetzt, so integriert das synthetische Verfahren das Symbol zu einem allgemeinen und verständlichen Ausdruck" (ebd., S. 88).

Die konstruktive Methode dient dazu, den symbolisch ausgedrückten Sinn zu verdeutlichen. Die Verdeutlichung dieses Sinnes wird durch die Amplifikation als eine Einfallstechnik der konstruktiven Methode durchgeführt. "Amplifikation heißt, im Gegensatz zur Freudschen Methode der ‹reductio in primam figuram›, nicht eine nach rückwärts zu verfolgende, kausal verbundene, lückenlose Kette von Assoziationen, sondern eine Erweiterung und Bereicherung des unbewußten Inhaltes mit allen ähnlichen, möglichen, analogen Bildern" (Jacobi 1971, S. 128). Die Amplifikation ist also eine Deutungsmethode, die Jung als ‹hermeneutisch› bezeichnet hat (vgl. Jung 1974, G.W., Bd. 7, S. 325 f).

Jung unterscheidet zweierlei Formen bzw. Ebenen der Deutung: Die Deutung auf der Subjektstufe und die auf der Objektstufe. Die Deutung auf der Subjektstufe interpretiert die unbewußten Bilder und das unbewußte Geschehen symbolisch als Abbilder innerpsychischer Faktoren und Situationen, wie zum Beispiel die Traumausdrücke als personifizierte Züge des Träumers selbst zu verstehen sind. Die Deutung auf der Objektstufe hingegen interpretiert die unbewußten Bilder als solche konkret, nicht aber als symbolisch, wie zum Beispiel die Traumausdrücke als identisch mit realen Objekten gleichgestellt werden. Die Amplifikationsmethode bezieht sich deshalb auf die Deutung auf der Subjektstufe, die auf die Erhellung des Sinnes eines symbolischen Bildes ausgerichtet ist. Diese Erhellung kann sowohl persönlicher als auch unpersönlicher Natur sein. Bei der persönlichen Amplifikation steuert der Einzelne die für sein persönliches Leben und seine Lebensgeschichte wesentlichen Assoziationen bei, was zum Verstehen derselben und der damit verbundenen Konfliktsituationen und unerfüllten Formen der Beziehung dient. Dagegen beruht die unpersönliche Amplifikation auf Assoziationen aus den Materialien des kollektiven Unbewußten, wie zum Beispiel aus der Mythologie, dem Märchen, der Legende und der Religion, was zum Verstehen des tieferen Menschseins hilft. Solange aber die Amplifikationsmethode auf die Erhellung des Sinnes eines symbolischen Bildes ausgerichtet ist, und der Sinn sich wesentlich auf das kollektive Unbewußte bezieht, weist sie eigentlich auf die unpersönliche Amplifikation hin.

Was man jedoch als das Entscheidende in bezug auf das Verstehen ansieht, liegt darin, die transzendente Funktion durch die Amplifikation zur Aktion und zum Tragen zu bringen, damit der Sinn eines symbolischen Bildes ins Bewußtsein assimiliert wird, und die echte Bewußtseinsveränderung stattfinden kann. Die Bedeutung der Amplifikation besteht nämlich darin, die transzendente Funktion hervorzubringen und dadurch das Selbst zu erfahren, so wie die Amplifikationsmethode auf der transzendenten Funktion der Psyche beruht:

> "Die transzendente Funktion ist ein natürlicher Vorgang, eine Manifestation der aus der Gegensatzspannung hervorgehenden Energie, und besteht in einer Abfolge von Phantasievorgängen, die spontan in Träumen und Visionen auftreten ... Der natürliche Vorgang der Gegensatzvereinigung wurde mir zum Modell und zur Grundlage einer Methode, die wesentlich darin besteht, das, was von Natur wegen unbewußt und spontan geschieht, absichtlich hervorzurufen und dem Bewußtsein und dessen Auffassung zu integrieren" (ebd., S. 87).

Die Amplifikation als eine Art von Auseinandersetzung mit dem Unbewußten kann also als ein Prozeß der transzendenten Funktion verstanden werden. Damit aber die transzendente Funktion wirklich hervorgerufen werden kann, muß zuerst, zum Beispiel in einer therapeutischen Situation, das betreffende unbewußte Bild, bevor es amplifiziert wird, vom Patienten und Therapeuten ernst genommen werden, wie sich in der aktiven Imagination gezeigt hat. Andernfalls nehmen sie am Amplizieren des Bildes als eine fiktive Persönlichkeit teil, und es wird nur als ein intellektueller Gegenstand behandelt. Die transzendente Funktion wird dadurch unterdrückt und verdrängt. Ferner entsteht die Gefahr, sich mit den amplifizierten Inhalten des Bildes zu identifizieren, wodurch das Bewußtsein verengt und verdunkelt wird. Aus diesem Grund muß immer wieder die Wichtigkeit der symbolischen Einstellung und Betrachtungsweise betont werden, wenn man wirklich die symbolischen Bilder in der analytischen Psychologie verstehen will.

Das Amplifizieren ist ein echtes Gespräch mit dem Symbolbild, d.h. eine symbolische Begegnung mit demselben, wo seine Vielfalt auftritt und dadurch ein Verständnis für seine Sinnbedeutung ermöglicht wird. Man kann demnach das Symbol sprechen und geschehen lassen. Dieses Sprechen und Geschehen des Symbols kann mithin im eigentlichen Sinn als Amplifikation betrachtet werden.

In der Psychotherapie ist das praktische Handeln des Symbols nur da möglich, wo wir es in seiner Wirklichkeit als es selbst ins Spiel kommen lassen, und wir also den Spielraum seiner Möglichkeit und die Vielfalt der Bedeutung, die es öffnet, nicht verdecken. Das Bewußtsein ist allerdings dabei niemals nur ein passiver Bezugspunkt, sondern tritt aktiv in den Prozeß der Auseinandersetzung hinein. "Immer dann, wenn das wache Bewußtsein in diesen Prozeß eintritt, das Symbol aufgreift und seine Verarbeitung tatsächlich zu einer Bewußtseinsveränderung führt, tritt die transzendente Funktion in Kraft ... Tritt diese Funktion in Kraft, dann können selbst alltägliche Ereignisse oder Objekte zu tiefgehenden Erlebnissen und Wandlungsprozessen führen" (Dieckmann 1979, S. 188).

In der bisherigen Beschreibung wird hervorgehoben, wie sich der wesentliche Charakter des Verstehens in der Methode des symbolischen Verstehens – aktive Imagination und synthetische oder konstruktive Methode – zeigt, d.h. das Verstehen sich durch die transzendente Funktion des Archetypus an sich ereignet.

Anschließend wird der Selbstverwirklichungsprozeß als Weg der transzendenten Funktion im Zusammenhang mit dem Verstehen behandelt.

4 Die Bedeutung des Verstehens in der Individuation

Der Begriff der Individuation erscheint in Jungs Werk zum ersten Mal in ‹Symbole der Wandlung› – worunter er die Integration des Unbewußten, d.h. die Zusammensetzung von ‹bewußt› und ‹unbewußt› versteht (Vgl. Jung 1973, G.W., Bd. 5, S. 387). Der Idee nach läßt er sich aber bereits in Jungs Dissertation ‹Zur Psychologie und Pathologie sogenannter okkulter Phänomene› nachweisen. In dieser kam Jung nämlich aus seinen an einem Medium gemachten Beobachtungen zum Schluß, daß es sich bei den ‹Geistern›, die sich in der séance manifestierten, um den Einbruch autonomer Teilpersönlichkeiten des Mediums ins Bewußtseinsfeld, gleichsam als vorerst unerkennbare, im unbewußten psychischen Bereich noch verborgene Komponenten, die möglicherweise in Zukunft integriert werden, handeln könnte. Jung sagt wörtlich: "Es ist daher nicht undenkbar, daß derartige Doppelbewußtseinserscheinungen nichts anderes sind als Charakterneubildungen oder Durchbruchversuche der zukünftigen Persönlichkeit, die infolge besonderer Schwierigkeiten mit eigentümlichen Störungen des Bewußtseins verknüpft sind." (nämlich mit somnambulen Erscheinungen) (Jung 1971, G.W., Bd. 1, S. 88) Seither blieb es sein unermüdliches wissenschaftliches und psychotherapeutisches Bemühen, die Grundlage und Methode eines Vorgehens herauszuarbeiten, durch das diese Komponenten bewußt gemacht und dem Ich angeschlossen werden könnten, um auf diese Weise den jedermann potentiell innewohnenden ‹größeren Menschen›, d.h. das Selbst, zu verwirklichen.

Individuation bedeutet: "Zum Einzelnen werden, und, insofern wir unter Individualität unsere innerste, letzte und unvergleichbare Einzigartigkeit verstehen, zum ‹eigenen Selbst› werden" (Jung

1974, G.W., Bd. 7, S. 191). Mit ‹zum Einzelnen werden› bzw. ‹zum eigenen Selbst› werden, ist gemeint, daß die Eigenart des Individuums als Individualität bewußt wird. Diese Eigenart des Individuums besteht a priori unbewußt. Sie ist von realitätsbezogenen wie von innerpsychischen kollektiven, unbewußten Faktoren zugedeckt und scheint dann als nicht vorhanden. Die unbewußten Komponenten werden stets projiziert, solange sie unbewußt sind. Die Eigenart des Individuums taucht erst auf, nachdem die Projektion aufgelöst, zurückgenommen, und damit das unbewußte Material bewußt wird. Bewußtwerdung ist also ein wesentlicher Teil der Individuation, so daß diese auch Bewußtwerdung genannt wird.

Die Eigenart des Individuums soll aber mit der des Individualismus, die ein absichtliches Hervorheben und Betonen der vermeintlichen Eigenart im Gegensatz zu kollektiven Rücksichten und Verpflichtungen ist, nicht verwechselt werden. Jung schreibt:

"Die Eigenart des Individuums ist nämlich keineswegs als eine Fremdartigkeit seiner Substanz oder seiner Komponenten zu verstehen, sondern viel eher als ein eigenartiges Mischungsverhältnis oder als gradueller Differenzierungsunterschied von Funktionen und Fähigkeiten, die an und für sich universal sind. Jedes menschliche Gesicht hat eine Nase, zwei Augen usw., aber diese universalen Faktoren sind variabel, und es ist diese Variabilität, welche individuelle Eigenart ermöglicht. Individuation kann daher nur einen psychologischen Entwicklungsprozeß bedeuten, der die gegebenen individuellen Bestimmungen erfüllt, m.a.W., den Menschen zu dem bestimmten Einzelwesen macht, das er nun einmal ist. Damit wird er nicht ‹selbstisch› im landläufigen Sinne, sondern er erfüllt bloß seine Eigenart, was, wie gesagt, von Egoismus oder Individualismus himmelweit verschieden ist.

Insofern nun das menschliche Individuum als lebendige Einheit aus lauter universalen Faktoren zusammengesetzt ist, ist es völlig kollektiv und daher in keinerlei Gegensatz zur Kollektivität. Eine individualistische Betonung der Eigenart setzt sich daher in Widerspruch mit dieser Grundtatsache des lebendigen Wesens. Die Individuation hingegen erstrebt eben gerade eine lebendige Zusammenwirkung aller Faktoren. Da die an sich universalen Faktoren aber stets nur in individueller Form vorhanden sind, so bringt ihre völlige Berücksichtigung auch eine individuelle Wirkung hervor, die durch nichts anderes, am wenigsten durch Individualismus, überboten werden kann" (ebd., S. 192).

Die Eigenart des Individualismus bezieht sich auf das Ich und führt in bezug auf die kollektiven Bestimmungen zum Egoismus. Jene des Individuums jedoch bezieht sich auf das Selbst, und durch ihre Erfüllung entspricht sie den kollektiven Bestimmungen. Demnach besteht eigentlich die Eigenart des Individuums durch ihre Verwirklichung in einer besseren und völligeren Erfüllung der kollektiven Bestimmungen des Menschen, indem eine genügende Berücksichtigung der Eigenart des Individuums eine bessere soziale Leistung erhoffen läßt, als wenn sie vernachlässigt oder gar unterdrückt wird.

Der Mensch ist aber vom Kollektiven mit Verschluckt- und Überwältigtwerden bedroht, so wie sich das Ich zwischen den zwei großen Bereichen des kollektiven Bewußtseins und des kollektiven Unbewußten befindet. Das Aufgesogenwerden durch das kollektive Bewußtsein beraubt das Ich seiner Selbständigkeit ebenso wie das Verfallensein an das kollektive Unbewußte, wo man im ersten Fall aus der Phantasie der Gemeinschaft heraus lebt, und im zweiten das vom Instinkt gesteuerte Leben führt. Wenn die kollektiven Inhalte unbewußt bleiben, so ist das Individuum durch diese unbewußt mit anderen Individuen vermischt, m.a.W., es ist nicht unterschieden, nicht individuiert. Durch diese Vermischung gerät das Individuum in Zustände und begeht Handlungen, die es mit sich selber uneinig machen. Von jeder unbewußten Vermischung und Unabgetrenntheit geht nämlich ein Zwang aus, so zu sein und zu handeln, wie man selber nicht ist. Man kann damit weder einig gehen, noch dafür die Verantwortung übernehmen. Man fühlt sich in einem entwürdigenden, unfreien und unethischen Zustand, und die unbewußten Inhalte bewirken verblendende Illusionen, die uns selber und unsere Beziehungen zum Mitmenschen verfälschen und unwirklich machen.

Somit können wir sehen, wie notwendig die Individuation, nicht nur für den einzelnen Menschen, sondern für die Allgemeinheit überhaupt, ist, und daß sie nichts anderes bedeutet, als das ‹wahre› Individuum bzw. das Selbst aus dem kollektiven Bewußtsein und dem kollektiven Unbewußten zu befreien. Dies wird durch die dialektische Auseinandersetzung zwischen dem Bewußtsein und dem Unbewußten bewerkstelligt, was Jung als Individuationsprozeß oder auch als transzendente Funktion bezeichnet.

Mit dem Individuationsprozeß, der sich auf den ‹natürlichen› Individuationsprozeß gründet, der ohne Teilnahme einer bewußten Auseinandersetzung gleichsam autonom verläuft, meint man, daß die unbewußten Inhalte auf verschiedene Art und Weise bewußt gemacht und dadurch zu einer hochgradigen Differenzierung gebracht werden. Der ‹natürliche› Individuationsprozeß ist ein zielgerichteter Dynamismus, ein Weg der Entwicklung, dem alles Lebendige unterworfen ist. In diesem Zusammenhang kann sogar die Schizophrenie gesehen werden. Sie stellt nämlich einen in sich ohne Teilnahme des Bewußtseins ablaufenden Individuationsversuch dar, d.h. einen immer wiederholten, vergeblichen Versuch des Unbewußten, das Bewußtsein durch die Intensität der archetypischen Bilder und Motive für deren Verstehen und Assimilieren zu gewinnen, und das Individuum dadurch vom Überdruck der bedrohlichen Inhalte der unbewußten Tiefen zu befreien. Der hinter diesem natürlichen Individuationsprozeß wirkende Faktor ist das Selbst, jene bewußtseinstranszendente, zentrale Instanz der Psyche, die sich von Anbeginn in einem ‹apriorischen Besitz des Zieles› zu befinden scheint, (vgl. Jung 1976, G.W., Bd. 8, S, 439) und mit einer Art von Vorwissen auf die ‹Entelechie›, die Einheit und Ganzheit der menschlichen Persönlichkeit, hintendiert (Vgl. Frey-Rohn 1955, S. 73).

Der Weg des Individuationsprozesses wird aber entsprechend dem ‹natürlichen› Individuationsprozeß aktiv mitgestaltet, bewußt begangen und erlebt. Die Jungsche Psychotherapie ist eigentlich dazu bestimmt, einen solchen Individuationsprozeß – je nach der Lebenshälfte verschieden – zu fördern.

Jung veranschaulicht den Entwicklungs- und Wandlungscharakter des menschlichen Lebens anhand des Sonnenbildes, das drei Aspekte aufweist. Der Tagesablauf der Sonne wird als ein Sinnbild des menschlichen Lebens betrachtet. Ihr morgentlicher Aufstieg entspricht der Kindheit, ihre Mittaghöhe dem Erwachsensein, ihr Sinken am Nachmittag und Abend dem Alter. Der dritte Aspekt der sinkenden Sonne findet seinen Ausdruck im Mythologem der Nachtmeerfahrt, dem Untergang der Sonne im Meer am Abend und ihrem Wiederaufsteig aus dem Meer am Morgen. Die Nachtmeerfahrt ist Symbol für die Regression der psychischen Energie, für die Aktivierung des kollektiven Unbewußten und das Erlebnis der erneuten Progression als seelische Wiedergeburt.

Jung teilte den Lebenslauf des Menschen im Vergleich zu diesem Tagesablauf der Sonne in zwei verschiedene Hälften mit unterschiedlicher Zweckverfolgung: "Der Mensch hat zweierlei Zwecke, der erste ist der Naturzweck, die Erzeugung von Nachkommenschaft und alle Geschäfte des Brutschutzes, wozu Gelderwerb und soziale Stellung gehören. Wenn dieser Zweck erschöpft ist, beginnt eine andere Phase, der Kulturzweck" (Jung 1974, G.W., Bd. 7, S. 80). Mit dieser unterschiedlichen Zielsetzung hat er ihnen grundverschiedene Haltungen und Aufgaben zugewiesen: die ‹ich-zentrierte› Haltung und die Anpassung an die äußere Realität in der ersten Lebenshälfte und die ‹ich-transzendierende› Haltung und die Anpassung an die innere Realität in der zweiten Lebenshälfte. Dies weist darauf hin, daß die Individuation in der ersten Lebenshälfte durch die Ichverstärkung und diejenige in der zweiten Lebenshälfte dagegen durch die Selbstverstärkung gekennzeichnet ist. Solange aber die Individuation die Selbstwerdung bedeutet, die durch die Selbstverstärkung verwirklicht wird, könnte die Individuation eigentlich in der zweiten Lebenshälfte geschehen. Wenn Jung vom Individuationsprozeß spricht, dann meint er also in erster Linie den

Individuationsprozeß in der zweiten Lebenshälfte. Dabei ist jedoch immer impliziert, daß die Ichverstärkung und damit die Bewältigung der Aufgaben in der ersten Lebenshälfte eine Voraussetzung der Individuation in der zweiten Lebenshälfte ist, damit sich das Ich mit dem kollektiven Unbewußten auseinandersetzen kann, ohne von diesem bedroht zu werden.

Nachfolgend wird die Individuation in den zwei Lebenshälften in bezug auf die Bedeutung des Verstehens erläutert.

4.1 Die Individuation in der ersten Lebenshälfte als Ichverstärkung

Der Ablauf der ersten Lebenshälfte hat seine eigene Form, die man als eine ‹Initiation in das Erwachsensein› oder als eine ‹Initiation in die äußere Wirklichkeit› bezeichnen könnte. Dieser Ablauf beginnt mit der Geburt des Kindes. Das kleine Kind ist noch vollkommen identisch mit dem kollektiven Unbewußten; es lebt psychologisch noch ununterschieden. Mit der Zeit beginnt die Unterscheidung und Betonung des Ich, und damit der Anfang einer Ichentwicklung. Die für die erste Lebenshälfte verschiedene, schrittweise gebotene Entwicklung geht mit der Differenzierung des Einstellungstypus sowie der vorherrschenden Bewußtseinsfunktion und der Herausbildung einer geeigneten Persona parallel.

Es bestehen in bezug auf das Objekt zwei Einstellungsarten des Menschen: Die Extraversion und die Introversion. Die eine herrscht jeweils anlagemäßig vor und prägt den Typus des Charakters, indem sie vorzugsweise verwendet wird. Die andere, unbenützte oder seltener benützte, bleibt mehr oder minder unentwickelt und unbewußt. Dasselbe gilt auch für die Bewußtseinsfunktion, d.h. für Denken, Fühlen, Intuieren, Empfinden, mit denen das Ich das ihm von außen oder innen angebotene Material aufnimmt und verarbeitet. Auch hier gibt es eine Hauptfunktion, die zumeist anlagemäßig gegeben und differenziert ist. Die drei anderen kommen dazu, nämlich zwei als weniger bewußte, als sogenannte Hilfsfunktionen, und eine als die minderwertige Funktion, die noch am engsten mit dem Unbewußten vermischt ist. Wenn sich der Mensch zeitlebens nur einer einzigen und zwar der Hauptfunktion bedient, so besteht die Gefahr, daß durch die restlose oder zu starke Verdrängung der übrigen Funktionen oder der anderen Einstellungsweise neurotische Störungen entstehen. Nicht minder bedenklich ist es aber, wenn keine der Funktionen richtig differenziert wird, d.h. gleichsam auf der Pubertätsstufe steckenbleibt, was bereits als Symptom einer verzögerten Ichentwicklung angesehen werden darf. Wenn dies andauert, führt es ebenfalls zu mehr oder minder seelischen Beschwerden. Wie zahlreiche Pubertierende bleibt der Mensch oft in solchen Fällen standpunktslos zwischen Extremen hin- und hergerissen. Die altersgemäße Differenzierung der Einstellungsweisen und Bewußtseinsfunktionen – zuerst der führenden und in den späteren Jahren der übrigen – ist daher ein Kriterium für den erfolgreichen Verlauf des Individuationsprozesses.

Mit der Differenzierung der Einstellungsweisen und Bewußtseinsfunktionen entwickelt sich die Persona. Diese entsteht meistens aus einer erfolgreichen Verbindung des Ichideals, d.h., was man sich als Ideal vorstellt. Die Persona stellt damit einen Ausschnitt aus der Kollektivpsyche dar, der Individualität vortäuschen kann. Jung definiert sie wie folgt: "Die Persona ist ein Funktionskomplex, der aus Gründen der Anpassung oder der notwendigen Bequemlichkeit zustandegekommen, aber mit der Individualität nicht identisch ist. Er bezieht sich ausschließlich auf das Verhältnis zu den Objekten, zum Außen" (Jung 1976, G.W., Bd. 6, S. 505). Ihre Aufgabe ist es, eine relativ gleichmäßige, den Ansprüchen der jeweiligen Umwelt angepaßte Fassade zu bilden. Solange die Aufgabe der Individuation in der ersten Lebenshälfte in der Anpassung an die äußere Welt liegt, so ist die Entwicklung der Persona als Beziehungsfunktion mit der Außenwelt erforderlich. Der Mangel an

Persona kann sich zum Beispiel bei Jugendlichen durch Unsicherheit und Unbeständigkeit zeigen. Eine gewisse Gefahr kann aber darin bestehen, daß man mit seiner Persona identisch wird und damit die Individualität völlig verdrängt. Dies wird aber eher in der zweiten Lebenshälfte als eine ernstzunehmende Frage betrachtet und behandelt.

Die Entwicklung und Differenzierung der vorherrschenden Einstellungsweise und Hauptfunktion sowie der Persona erweitert somit das Wissen des Menschen um sich selber und das Leben im allgemeinen und entfaltet dementsprechend den Umfang seines Bewußtseinsfeldes. Obwohl diese Entwicklung und Differenzierung einseitig ist, ist eine solche Einseitigkeit doch notwendig und wichtig, um dem jungen Menschen den Schwung und die Initiative, durch die er sich zur Selbständigkeit entfalten und die inneren und äußeren Stürme bestehen kann, die sein seelisches Wachstum begleiten, zu geben. Die unreflektierte Aktivität und Spontaneität, die ihn tragen, verhelfen ihm zur Eroberung seiner Position im Leben; wohl bringen sie den Nachteil der Unbewußtheit mit sich, haben aber den Vorteil einer im Lebenskampf unerläßlichen Durchschlagskraft. Durch diese rational einseitige Entwicklung verstärkt sich das Ich. Als Folge davon entsteht aber der Schatten, der zeitweise zu den äußeren Anpassungsschwierigkeiten führen kann.

Der Schatten als die im Ichaufbau vernachlässigte, abgelehnte Summe gleichgeschlechtlicher Eigenschaften wächst parallel mit dem Ich, gleichsam als dessen ‹Spiegelbild›. Solange er unbewußt ist, wird er stets als Eigenschaften äußerer Objekte und Menschen, zu denen eine entsprechend positive oder negative Bindung besteht, projiziert, nämlich am häufigsten auf Personen des gleichen Geschlechtes, wie zum Beispiel bei Geschwistern, bei Freundespaaren beobachtet werden kann. Außer diesem ‹persönlichen Schatten›, der der persönlichen Lebensgeschichte des Individuums entstammt, gibt es einen ‹kollektiven Schatten›, der als ein kollektiver unbewußter Inhalt sozusagen den Gegensatz zum Zeitgeist darstellt. Im

allgemeinen genügt aber bei Schwierigkeiten in der ersten Lebenshälfte die Behandlung der ‹persönlichen Schatten›, weil die Psychotherapie in dieser Lebenshälfte prinzipiell auf die Ichverstärkung im Zusammenhang mit der äußeren Anpassung zielt. Die Projektion des persönlichen Schattens kann durch die Erkenntnis seiner subjektiven Zugehörigkeit ohne tiefgreifende Komplikationen dem Bewußtsein integriert werden, d.h. anscheinend anders als wenn archetypische Anteile dabei eine Rolle spielen, wie Jung darauf hinweist: "Archetypische Inhalte als persönliches Eigentum anzusehen, ist gefährlich. Archetypen sind Grundsteine der seelischen Ganzheit, welche die Grenzen des Bewußtseins überschreitet und daher nie Gegenstand unmittelbarer Bewußtheit sein kann" (ebd., G.W., Bd. 9/II, S. 29). Dies besagt, daß die projizierten Inhalte aus dem persönlichen Unbewußten als persönliches Eigentum ein Gegenstand unmittelbarer Bewußtheit durch ihre Erkenntnis sein können, derweil die archetypischen Inhalte nur durch das symbolische Verstehen bewußt integriert werden können. Die Bedeutung des symbolischen Verstehens wurde vorher in ‹der wesentliche Charakter des Verstehens› beleuchtet. Die Erkenntnis der projizierten persönlichen Inhalte ist aber nicht nur ein intellektuelles Verstehen, wie Jung sagt: "Etwas als Projektion erkennen ist niemals als ein bloß intellektueller Vorgang mißzuverstehen. Die intellektuelle Erkenntnis löst eine Projektion nur dann auf, wenn sie sowieso reif ist zur Auflösung. Durch intellektuelles Urteil und durch Willen, die Libido aus einer Projektion, die nicht sowieso auflösungsbereit ist, herauszuziehen, ist unmöglich" (ebd., G.W., Bd. 6, S. 266). Da der projizierte Inhalt ein konstellierter, d.h. mit einem Affekt besetzter Inhalt ist, muß er für seine Auflösung emotional verstanden werden. Dadurch können die minderwertigen Funktionen und der undifferenzierte Einstellungstypus auch teilweise bewußt gemacht werden, weil der Schatten diese als personifizierte Gestalt darstellt.

Somit sehen wir, daß die Individuation in der ersten Lebenshälfte vorwiegend in der Ichverstärkung für die Erfüllung ihrer Aufgabe als der Anpassung an die äußere Realität besteht, indem die vorherrschende Einstellungsweise und Hauptfunktion sowie die Persona entwickelt, und überdies der mit der äußeren Anpassung verhindernde Schatten bewußt integriert werden. Was bedeutet nun aber die Ichverstärkung und die Anpassung an die äußere Realität in bezug auf das Verstehen?

Wenn man von der Anpassung an die äußere Realität spricht, kann man sich deren zwei Bedeutungen bewußt sein: die eine ist die Anpassung im Sinne der Selbstverwirklichung, und die andere im Sinne der Entselbstung oder Selbstentäußerung. Die erstere gründet sich primär auf die Selbstverwirklichung, die letztere dagegen auf die kollektiven Bestimmungen. Wenn die erstere die zweite Lebenshälfte betrifft, dann bezieht sich die letztere auf die erste Lebenshälfte. Im letzteren Fall tritt wegen seiner Orientierung am Kollektiven das eigene, wahre Individuum, d.h. das Selbst, in den Hintergrund. Daraus entsteht eine Selbstentäußerung. Diese Selbstentäußerung zugunsten des Kollektiven kann einem sozialen Ideal entsprechen, und sie kann sogar als soziale Pflicht und Tugend gelten. Dies führt zum Durchschnittsmenschen bzw. Kollektivmenschen, im Gegensatz zum ‹individuellen› Menschen, welcher sich nach dem eigenen, wahren Individuum orientiert, was auch im Verhältnis des ‹Man› zum Dasein in der Daseinsanalyse angesehen wird, wo das ‹Man› durch die Durchschnittlichkeit gekennzeichnet ist, und sich das Dasein dagegen immer zu seinem Sein verhält. Der Kollektivmensch versteht und versucht sogar zu verstehen, wie das Kollektive versteht, damit er sich an die äußere Realität anpassen kann. Dieses Verstehen kann als ‹kollektives› Verstehen, im Vergleich zum ‹individuellen› Verstehen, das sich auf das eigene, wahre Individuum gründet, bezeichnet werden. Beim kollektiven Verstehen herrschen die psychischen Mechanismen der Identifikation und der Projektion vor, die beide gemeinsam auf der unbewußten Identität beruhen.

Bei der Identifikation ist der Mensch unbewußt mit anderen verschmolzen; bei der Projektion überträgt er die unbewußte Seite auf die anderen, die dadurch einen angsteinflößenden oder attraktiv-faszinierenden Aspekt erhalten, der mit der tatsächlichen Realität wenig zu tun hat. "Identifikation ist ein psychologischer Vorgang, bei dem die Persönlichkeit teilweise oder total von sich selbst dissimiliert wird. Identifikation ist eine Entfremdung des Subjektes von sich selber zugunsten eines Objektes, in das sich das Subjekt gewissermaßen verkleidet" (ebd., S. 474). "Projektion bedeutet die Hinausverlegung eines subjektiven Vorganges in ein Objekt. Die Projektion ist demnach ein Dissimilationsvorgang, indem ein subjektiver Inhalt dem Subjekt entfremdet und gewissermaßen dem Objekt einverleibt wird" (ebd., S. 500). Die Identifikation und die Projektion führen damit den Menschen zur Selbstentäußerung. Sie sind aber entwicklungspsychologisch gesehen in der ersten Lebenshälfte für die Persönlichkeitsentwicklung im Sinne der Ichentwicklung wichtig. Zum Beispiel: in der Entwicklung einer Geschlechtsidentität spielt die Identifikation mit den gleichgeschlechtlichen Kameraden in der Primarschulzeit eine große Rolle. Jung sagt: "Die Identifikation kann fördernd sein, solange der individuelle Weg noch nicht gangbar ist. Eröffnet sich aber eine bessere individuelle Möglichkeit, so beweist die Identifikation ihren pathologischen Charakter dadurch, daß sie nunmehr ebenso hinderlich ist, wie sie vorher unbewußt tragend und fördernd war. Sie wirkt dann dissozierend, indem das Subjekt durch sie in zwei einander fremde Persönlichkeitsteile zerspalten wird" (ebd., S. 475). Auf diese Weise hat die Projektion auch in der ersten Lebenshälfte eine positive, lebensfördernde Bedeutung. Beispielsweise wird die Beziehung mit dem gleich- oder gegengeschlechtlichen Freund zuerst und zumeist durch die eigene Projektion von Schatten, Anima oder Animus, aufgenommen. Die Projektion richtet sich auf die äußeren Gegenstände und geht mit dem Ichbewußtsein parallel, das aus der progressiven (extravertierten) Bewegung der psychischen Energie hervorgeht und in erster Linie im Dienste der biologischen Anpassung des Individuums an die äußere Realität steht.

Somit haben Identifikation und Projektion, die beim kollektiven Verstehen vorherrschen oder das kollektive Verstehen charakterisieren, eine positive Bedeutung in der ersten Lebenshälfte für die Ichentwicklung und damit die Erfüllung der äußeren Anpassung. Diese positive Bedeutung der Identifikation und Projektion gilt aber nicht mehr in der zweiten Lebenshälfte der Individuation, wo sie aufgelöst und bewußt gemacht werden müssen und dadurch das Selbst verstärkt und verwirklicht wird.

Demnach wird die Ichverstärkung in der analytischen Psychologie zur Selbstverstärkung als gegensätzlich betrachtet, wie Jung darauf hinweist: "Es ist ein totales Mißverständnis (und das Gegenteil von dem, was ich immer betont habe), nämlich, daß das Selbst eine Konzentration auf das Mich sei. Das ist es eben gerade nicht ... (das Selbst bedeutet) auf alle Fälle zuerst das Ende des Ich" (Jung 1972, Briefe, Bd. 2, S. 330). "Würde das Selbst im Sinne jener heute modischen Vorstellung von Selbstaktualisierung verstanden, dann wäre die Individuation gerade eine Entselbstung zu nennen." (ebd., S. 469) Für alle Fälle besteht die eigentliche Individuation als Selbstverwirklichung in der Negation des Ich. In diesem Zusammenhang spricht Jung von "der Vergewaltigung durch das Selbst" (Jung 1973, G.W., Bd. II, S. 171) und sagt sogar: "Versuchen Sie ohne Ego zu leben" (Jung 1972, Briefe, Bd. 2, S. 35), womit natürlich nicht ein inflationärer oder gar psychotischer Zustand empfohlen wird. Der Sinn liegt nicht in der einfachen Negation des Ich, sondern in der völligen und wahren Überwindung durch das Einnehmen eines neuen Standpunktes, der das Wesen des Ich sowie seine Rolle und Stellung von Grund auf neu bestimmt. Diesbezüglich spricht er auch von der Auflösung der Ichhaftigkeit (Vgl. ebd., S. 469). Dies wird in der Individuation in der zweiten Lebenshälfte in bezug auf das ganzheitliche Verstehen behandelt. Dabei stellt sich aber die Frage: solange die Individuation in der ersten Lebens-

hälfte in der Ichverstärkung liegt, und das Ich am kollektiven Verstehen orientiert ist, wie kann dann das Ich durch sein kollektives Verstehen in der zweiten Lebenshälfte das Selbst verwirklichen, das das ‹individuelle› Verstehen betrifft?

Jung sagt: "Wir müssen a priori vom Selbst ergriffen sein, wenn wir es verstehen wollen und es wirklich werden soll" (Jung 1972, G.W., Bd. 14/2, S. 306). "Vom Ich führt kein Weg zum Selbst. Wo das Verstehenwollen vom Ichbewußtsein seinen Ausgang nimmt, kann nie Individuation sondern höchstens so etwas wie Ichentwicklung sichtbar und verstanden werden, auch wenn des öfteren diese Ichentwicklung für Selbstwerdung gehalten wird ... Die Individuation wird nur zugänglich, wenn wir schon aus der Ganzheit heraus erfahren, wenn das Selbst schon in uns konstelliert, d.h. wenn es das Subjekt unseres Verstehens ist" (Giegerich 1979, S. 143).

Dieses Problem, das in Beziehung mit dem Verstehen von ausschlaggebender Wichtigkeit ist, ist in ‹der wesentliche Charakter des Verstehens› sowie ‹die Methode des symbolischen Verstehens› erhellt worden: "Der wesentliche Charakter des Verstehens in der analytischen Psychologie besteht im Ichbewußtseinstranszendieren und Numinosen, wobei das Selbst erfahren wird. Solcher Charakter des Verstehens ist mittels Symbol möglich, was sich in der Methode des symbolischen Verstehens – aktive Imagination und Amplifikationsmethode – zeigt." Dies weist darauf hin, daß das Verstehen in der analytischen Psychologie eigentlich von Anfang an vom Selbst ausgeht, indem sich das Ich beim Symbol mit dem kollektiven Unbewußten auseinandersetzt, was als symbolisches Verstehen bezeichnet wird. Nur durch ein solches Verstehen wird die Individuation in der zweiten Lebenshälfte verwirklicht, die anschließend zur Sprache kommt.

4.2 Die Individuation in der zweiten Lebenshälfte als Selbstverstärkung

Die zweite Lebenshälfte beginnt in der Lebensmitte, wie Jung sagt: "Zwischen fünfunddreißig und vierzig bereitet sich nämlich eine bedeutende Veränderung der menschlichen Seele vor. Es ist allerdings zunächst keine bewußte und auffallende Veränderung, vielmehr handelt es sich um indirekte Anzeichen von Veränderungen, die im Unbewußten ihren Anfang zu nehmen scheinen" (Jung 1976, G.W., Bd. 8, S. 434 f). "Was in der geheimen Stunde des Lebensmittags geschieht, ist die Umkehr der Parabel, die Geburt des Todes. Das Leben in der zweiten Lebenshälfte heißt nicht Aufstieg, Entfaltung, Vermehrung, Lebensüberschwang, sondern Tod, denn sein Ziel ist das Ende. Seine Lebenshöhe-nicht-Wollen ist dasselbe wie Sein-Ende-nicht-Wollen. Beides ist: Nicht-leben-Wollen. Nicht-leben-Wollen ist gleichbedeutend mit Nicht-sterben-Wollen. Werden und Vergehen ist dieselbe Kurve" (ebd., S. 447). Jung weist mit dem Tod symbolisch auf das Ziel des ganzen Lebens hin. Die Symbolik von Geburt, Leben, Tod und Wiedergeburt gehört zum Modell des Individuationsprozesses. Ein mythologisches Schicksal des Helden, welcher vielfach ein Sonnenbild war, d.h., symbolisch für das Auf- und Untergehen der Sonne stand, mag dabei als Parallele zum archetypischen Entwicklungsschicksal des Ich aufgefaßt werden. Der Abend, das Einsinken in die Dunkelheit der Nacht, war der ‹Tod› der Sonne, ihr morgendliches Auftauchen in verjüngter Frische, ihre ‹Wiedergeburt›. Mit dem Tod meint Jung also das Einsinken des Ich ins Unbewußte und die Auseinandersetzung mit diesen Inhalten, wodurch das wahre Individuum als das Selbst neugeboren wird. Dies heißt, das Ichbewußtsein wendet sich von der Erfassung der Außenwelt jener der inneren Welt zu, damit die unbewußten Inhalte bewußt gemacht werden.

Bei der Individuation in der zweiten Lebenshälfte handelt es sich also um die Befreiung des wahren Individuums von den unbewußten, besonders von den kollektiven Inhalten durch ihre Auseinandersetzung und folglich die Selbstverwirklichung. Wenn aber der persönliche Schatten in der ersten Lebenshälfte nicht bewußt gemacht und bearbeitet ist, was eigentlich eine Aufgabe der Individuation in dieser sein sollte, muß das Problem dieses Schattens in Angriff genommen werden. Das persönliche Unbewußte muß immer zuerst erledigt, d.h., bewußt gemacht werden, andernfalls der Weg zum kollektiven Unbewußten verstellt ist: Erst mit der Bewußtwerdung des persönlichen Schattens kann eine objektive Einstellung zur eigenen Persönlichkeit beginnen.

In der zweiten Lebenshälfte des Individuationsprozesses liegt das Hauptanliegen in der Auseinandersetzung mit dem Seelenbild, die zur seelischen Wandlung führt. Mit ‹Seelenbild› bezeichnet Jung die unbewußten weiblichen Züge beim Mann als Anima und die unbewußten männlichen Züge bei der Frau als Animus. Bei der Anima beim Mann handelt es sich um die irrationale Gefühlsfunktion, die sich innerpsychisch in Form von Launen und Stimmungen auswirkt, beim Animus der Frau um die irrationale Denkfunktion, die sich innerpsychisch in Form von Meinungen zeigt. "Wie beim Mann im allgemeinen in der äußeren Einstellung Logik und Sachlichkeit überwiegen oder mindestens als Ideale betrachtet werden, so bei der Frau das Gefühl. In der Seele aber kehrt sich das Verhältnis um, der Mann fühlt nach innen, die Frau aber überlegt" (ebd., G.W., Bd. 6, S. 509). Dadurch, daß Mann und Frau anlagehaft in potentieller Form das entgegengesetzte Geschlecht als eigene Seele in sich enthalten, ist die Möglichkeit, sich zum ganzen Menschen zu entwickeln, vorhanden. Jung versteht unter ‹Seele› oder ‹Seelenbild› "einen bestimmten, abgegrenzten Funktionskomplex, den man am besten als eine Persönlichkeit charakterisieren könnte." (ebd., S. 503) und "bezeichnet die Seele als ein Verhältnis zum Subjekt, eine innere Einstellung im Gegensatz zur Persona als ein Verhältnis zum Objekt, eine äußere Einstellung" (ebd., S. 567). Mit ‹Subjekt› ist gemeint: "zunächst jene vagen oder dunklen Regungen, Gefühle,

Gedanken und Empfindungen, die uns nicht nachweisbar aus der Kontinuität des bewußten Erlebens am Objekt zufließen, sondern eher störend und hemmend, zuweilen auch fördernd aus dem dunklen Inneren, aus den Unter- und Hintergründen des Bewußtseins auftauchen und in ihrer Gesamtheit die Wahrnehmung vom Leben des Unbewußten ausmachen. Das Subjekt, als ‹inneres Objekt› aufgefaßt, ist das Unbewußte" (ebd., S. 505 f).

Die Seele als eine innere Einstellung kann hiermit mit der Persona als einer äußeren Einstellung in einer engen, nämlich kompensierenden, Beziehung stehen: "Alles, was normalerweise in der äußeren Einstellung sein sollte, dort aber auffallenderweise fehlt, findet sich unzweifelhaft in der inneren Einstellung" (ebd., S. 509).

Dies wird bei Jung als eine Grundregel betrachtet. Ist zum Beispiel die Persona intellektuell, kann die Seele sentimental sein. So wie die Persona als Ausdruck der Anpassung an das Milieu in der Regel stark von diesem beeinflußt und geformt ist, so ist auch die Seele stark vom Unbewußten und seinen Qualitäten geformt. Die Persona kann als die Vermittlungsfunktion zwischen dem Ich und der Außenwelt, und die Seele als die entsprechende Funktion zwischen dem Ich und der Innenwelt angesehen werden. Die Identität mit der Persona bedingt also automatisch eine Identität mit der Seele, denn wenn das Ich von der Persona ununterschieden ist, so hat es keine bewußte Beziehung zu den Vorgängen des Unbewußten. In diesem Fall kann die Seele in ein entsprechendes, reales Objekt projiziert werden. In all diesen Fällen, wo eine Identität mit der Persona vorliegt, und die Seele unbewußt ist, kann das Seelenbild in eine reale Person verlegt werden, die Gegenstand einer intensiven Liebe oder eines ebenso intensiven Hasses sein kann.

Das Seelenbild kann auch direkt in der Form der Identifikation aus dem Unbewußten wirken, indem es das Ich derart affiziert, daß dieses mit jenen Eigenschaften und jenem Verhalten identisch wird, wie zum Beispiel ein Mann, der von seinen Launen, Emotionen und Affekten beherrscht wird, demnach in eine Art minderwertige weibliche Psychologie hineingerät und sich statt nach Sachlichkeit und Objektivität nach undifferenzierten Gefühlen orientiert. Oder umgekehrt, zum Beispiel eine Frau, die sich auf quasi logische, starre und generalisierende Meinungen und Argumentationen versteift, am Eigentlichen und Individuellen gerade vorbeigeht, und keinem Appell des Gefühls und gesunden Menschenverstandes zugänglich ist. Es sind nämlich keine wirklichen Überlegungen, sondern Insinuationen des unbewußten männlichen Prinzips, welche die Frau in inferiore Männlichkeit verkehren, und dadurch zum Beispiel animos und aggressiv machen könnten. Sie ist von ihrem männlichen Seelenbild, dem Animus, besessen, so wie der Mann seinem weiblichen Seelenbild, der Anima, verfallen ist.

Um das unbewußte Seelenbild bewußt zu machen, setzt man sich mit ihm auseinander. Der Charakter der Auseinandersetzung ist in ‹Die aktive Imagination als dialektische Auseinandersetzung› erläutert worden: "Die dialektische Auseinandersetzung als transzendente Funktion, ist das Erleben des Bildes, wodurch die unbewußten Vorgänge, die in Form von Bild ins Bewußtsein treten, ausgelöst werden." Je nachdem wird das Ich dem Standpunkt des Seelenbildes Rechnung zu tragen haben oder aber es muß dieses zur Anerkennung des eigenen Standpunktes bringen – nicht anders, als ob man sich mit einer wirklichen Person über wichtige Angelegenheiten auseinandersetzen würde. Dies allerdings mit dem Unterschied, daß die Erkenntnis des Gegenüber und das Zwiegespräch mit ihm nicht in der gewöhnlichen Bewußtseinssprache geführt werden kann, da das Seelenbild nur über die symbolische Sprache verfügt und daher sein Wesen und seine Intentionen in bildhaft dramatischer Form ausdrückt. Durch diese echte Auseinandersetzung verschwindet seine Personifikation und seine negative Tätigkeit, d.h., Autonomie von Anima oder Animus. Es wird zu einer psychologischen Funktion, d.h., es wird seine eigentliche Funktion als Wegweiser und Führer zur Erfahrung der psychischen Realität erhalten.

Wenn das Seelenbild, anima und animus, differenziert und bewußt gemacht wird, dann steigen neue archetypische Gestalten auf. Beim Mann treten sie auf in der Gestalt des alten Weisen, des Zauberers, etc., und diese Figur des Unbewußten vermittelt bei ihm die Erfahrung des lebendigen, schöpferischen Geistes. Im Unbewußten der Frau tritt die entsprechende Gestalt als Erdmutter, weise und alte Frau, Hexe, etc. in Erscheinung. Jung nennt diese archetypischen Figuren des Unbewußten ‹Mana-Persönlichkeiten›. "Mana heißt das ‹außerordentlich Wirkungsvolle›. Mana zu besitzen heißt wirkende Kraft zu haben auf andere, aber auch die Gefahr, dadurch überheblich und selbstherrlich zu werden." (Jacobi 1971, S. 190) Die Bewußtmachung der Inhalte, die den Archetypus der Manapersönlichkeit aufbauen, bedeutet deshalb: "für den Mann die zweite und wahrhafte Befreiung vom Vater, für die Frau, die von der Mutter und damit die erstmalige Empfindung der eigenen einmaligen Individualität" (Jung 1974, G.W., Bd. 7, S. 257 f). Wenn es gelingt, so ist das Ziel der Individuation erreicht.

Die Individuation in der zweiten Lebenshälfte besteht somit darin, das eigene, einmalige Individuum bzw. das Selbst zum Bewußtsein und damit zur Verwirklichung zu bringen, indem Schatten, Seelenbilder von Anima und Animus sowie Manapersönlichkeit bewußt gemacht werden. Die Frage ist nun, was bedeutet die Bewußtwerdung des Selbst in bezug auf das Verstehen?

Die Bedeutung der Bewußtwerdung kann sich zunächst nach dem unterschiedlichen Begriff des Ich und des Selbst zwischen der vom Ich durchgeführten und durch das Selbst stattgefundenen Bewußtwerdung scharf unterscheiden. Die erstere bezieht sich auf die Bewußtwerdung der Eigenschaft des Inhaltes und die letztere dagegen auf den Sinn desselben. Bei der letzteren findet die Bewußtwerdung der unbewußten Inhalte als der symbolischen Bilder durch ihre Auseinandersetzung, d.h., durch das symbolische Verstehen, statt, wo das Selbst bewußt erfahren wird. Wie in ‹Das symbolische Verstehen› hingewiesen wurde, ist mit der Bewußtwerdung der kollektiven unbewußten Inhalte die Bewußtwerdung des Selbst gemeint, weil all diese Inhalte den Sinn des Selbst als Ganzheit darstellen.

Die Bewußtwerdung des Selbst bedeutet daher, daß das Selbst nicht dem Ichbewußtsein, sondern gleichsam dem ‹Selbstbewußtsein› bewußt wird, das das Ichbewußtsein transzendiert. Wenn das Ichbewußtsein seinem Wesen nach von Diskrimination, Unterscheidung von Ich und Nicht-Ich, Subjekt und Objekt usw. ausgeht, geht das Selbstbewußtsein dagegen vom ganzheitlichen und einheitlichen Verstehen aus. Was versteht man unter dem ganzheitlichen und einheitlichen Verstehen? Wir haben es einerseits bereits vom symbolischen Verstehen her betrachtet, wo das Bewußtsein und das Unbewußte durch die transzendente Funktion des Archetypus an sich vereinigt werden. Es kann anderseits vom Begriff Identität her angesehen werden, weil sein ganzheitlicher und einheitlicher Charakter mit der Identität zu tun hat. Mit ‹Identität› meint Jung vorerst ein unbewußtes Gleichsein mit dem Objekt und schreibt:

> "Die Identität ist immer ein unbewußtes Phänomen, denn ein bewußtes Gleichsein würde immer schon das Bewußtsein zweier Dinge, die einander gleich sind, mithin also eine Trennung von Subjekt und Objekt, voraussetzen, wodurch das Phänomen der Identität bereits aufgehoben wäre. Die psychologische Identität setzt ihr Unbewußtsein voraus. Sie ist ein Charakteristikum der primitiven Mentalität und die eigentliche Grundlage der ‹participation mystique›, welche nämlich nichts anderes ist, als ein Überbleibsel der uranfänglichen psychischen Ununterschiedenheit von Subjekt und Objekt, also des primordialen unbewußten Zustandes; sodann ist sie ein Charakteristikum des früh-infantilen Geisteszustandes, und schließlich ist sie auch ein Charakteristikum des Unbewußten beim erwachsenen Kulturmenschen, das, insofern es nicht zum Bewußtseinsinhalt geworden ist, dauernd im Zustand der Identität mit den Objekten verharrt" (Jung 1976, G.W., Bd. 6, S. 476).

Die Identität als unbewußtes Gleichsein stellt damit eine unbewußte und undifferenzierte Ganzheit dar. Dabei kann man sich fragen, wie diese unbewußte Identität bewußt werden kann. Die Bewußtwerdung der unbewußten Identität fängt mit Projektion an, wie Jung schreibt:

> "Die Projektion beruht auf der archaischen Identität von Subjekt und Objekt, ist aber erst dann als Projektion zu bezeichnen, wenn die Notwendigkeit der Auflösung der Identität mit dem Objekt eingetreten ist. Diese Notwendigkeit tritt ein, wenn die Identität störend wird, d.h., wenn durch das Fehlen des projizierten Inhaltes die Anpassung wesentlich beeinträchtigt und deshalb die Zurückbringung des projizierten Inhaltes ins Subjekt wünschenswert wird. Von diesem Moment an erhält die bisherige partielle Identität den Charakter der Projektion. Der Ausdruck Projektion bezeichnet daher einen Identitätszustand, der merkbar und dadurch Gegenstand der Kritik geworden ist, sei es der eigenen Kritik des Subjektes, sei es der Kritik eines anderen" (ebd., S. 500 f).

Die Projektion ist also der Zwischenzustand einer völlig unbewußten Identität und der Bewußtwerdung, nämlich zwischen einer völlig unbewußten und einer völlig bewußten Identität. Somit weist die Identität auf den Zustand des Selbst hin, das durch seine Bewußtwerdung von seiner völlig unbewußten Identität zur völlig bewußten Identität gebracht werden kann, was als Individuation betrachtet wird. ‹Bewußt› von bewußter Identität besagt aber nicht im Sinne des Ichbewußtseins, sondern im Sinne des Selbstbewußtseins, weil es mit dem Selbst verbunden ist. Da das Selbstbewußtsein einen transzendierenden Charakter hat, die Gegensätze zum Ganzen zu transzendieren, kann sich zum Beispiel der Gegensatz von Subjekt und Objekt unter dem Selbstbewußtsein einheitlich ereignen, wie es gleichsam in der echten Begegnung erfahren wird: "Die Begegnung unterbricht das Einerlei des Zeitlaufs und gibt dem Augenblick seine volle Einmaligkeit zurück. Damit verschieben sich zugleich alle Perspektiven. Wir beurteilen die Dinge und Zusammenhänge in vielem anders und finden uns gleichsam in einer neuen Welt vor. Diese neue Welt ist die Welt des Du. Es ist wie ein Durchbruch zu der einen wirklichen Welt, die einen eigentümlichen Glanz erhält und ihre Alltäglichkeit verliert. In der Begegnung geht ein Anspruch vom Sein des Du aus, dem wir gerecht werden müssen. Das Du verlangt von uns Antwort, die wir nicht durch Worte geben können, sondern nur durch unser eigenes Sein ... Sie ist eine Begegnung mit dem Absoluten selbst" (von Uslar 1987, S. 12 f).

Das Selbstbewußtsein ist ‹das Licht der Natur mit einem numinosen Charakter›, das eigentlich das Ichbewußtsein erleuchtet, wie in ‹Das Unbewußte als die Quelle des absoluten Wissens› im Zusammenhang mit dem Wesen des Archetypen an sich hingewiesen wurde. Das Selbstbewußtsein ist gleichsam der Zustand der Luminosität, wo das Ich als Subjekt im Sinne der Subjekt-Objekt-Spaltung verschwindet und demnach all das zum Vorschein Kommende selbst zum Subjekt, aber im Sinne der Subjekt-Objekt-Einheit, wird, d.h., keine Projektion mehr, die die Subjekt-Objekt-Spaltung hervorruft, findet statt und all das Seiende erscheint, wie es ist, wie ein Zen-Meister, Guange, diesbezüglich allegorisch ausführt: "Da es keine Wände an den zehn Seiten und keine Türe an vier Seiten gibt, ist alles nackt, offen und sauber, wie mit Wasser gewaschen" (Vgl. Lee 1978, S. 26 f). oder "da Mensch und Ochse nicht mehr zusammen gesehen werden, ist es die Zeit des hellscheinenden Mondes" (Vgl. Reps 1976, S. 182). Dies heißt, die Subjekt-Objekt-Beziehung verschwindet und all das Seiende als Subjekt-Subjekt-Beziehung geht wirklich ‹unterschiedlich und einheitlich› auf. Bei ‹unterschiedlich und einheitlich› versteht man unter ‹unterschiedlich› die unterschiedliche Einzelheit, die auf das Seiende hinweist, und hingegen unter ‹einheitlich›, die einheitliche Identität, die sich auf das Sein bezieht. Je unterschiedlicher der Einzelne ist, umso einheitlicher wird er mit den Anderen.

Zum Schluß wird der Begriff des ‹Nicht-Ich› im Zen-Buddhismus als eine Parallele gezogen, damit die Bedeutung des ganzheitlichen und einheitlichen Verstehens des Selbst bzw. des ‹Nicht-Ich› in der analytischen Psychologie hervorgehoben werden kann.

Der Zen-Buddhismus zielt in Wirklichkeit auf die Negation des Ich, d.h. die Erreichung des ‹Nicht-Ich› hin, wobei dieser Vorgang als Erleuchtungsprozeß bezeichnet wird. Ein Beispiel des Erleuchtungsprozesses, der allegorisch mit einem Kreis beschrieben wird, der dreihundertsechzig Grad aufweist: In der ersten Stufe auf dem Null-Grad, wo das Ich nur vom Bewußtsein aus die äußeren Dinge in ihren Unterschieden sieht, nimmt man zum Beispiel einen Berg als gewöhnliche Erscheinung wahr; in der zweiten Stufe, auf dem gegenüberliegenden Punkt des einhundertachzigsten Grades, wo das Ich in Dunkelheit (Unbewußtsein) keine Unterschiede mehr sieht, erblickt man den Berg nicht mehr; in der dritten Stufe, auf dem dreihundertsechzigsten Grad, wo das Ich durchbrochen ist bzw. man sich erleuchtet, sieht man den Berg als wirklichen Berg. Dieser Prozeß kann bildlich mit dem Mythos eines wandernden Heldens verglichen werden: "Ein Held wird von einem Wasserungetüm im Westen verschlungen (Verschlingen). Das Tier fährt mit ihm nach Osten (Meerfahrt). Inzwischen entzündet er in dem Bauche ein Feuer (Feuerentzünden) und schneidet sich, da er Hunger verspürt, ein Stück des herabhängenden Herzens ab (Herzabschneiden). Bald darauf merkt er, daß der Fisch auf das Trockene gleitet (Landen); er beginnt sofort das Tier von Innen heraus aufzuschneiden (Öffnen); dann schlüpft er heraus (Ausschlüpfen). In dem Bauche des Fisches ist es so heiß gewesen, daß ihm alle Haare ausgefallen sind (Hitze, Haare). Vielfach befreit der Held noch gleichzeitig alle, die vorher verschlungen wurden (Allverschlingen) und die nun alle auch ausschlüpfen (Allausschlüpfen)" (Zitat aus Jung 1973, G.W., Bd. 5, S. 266). Der Null-Grad und der dreihundertsechzigste beim Kreis liegen beim gleichen Punkt des Kreises und scheinen daher einander gleich zu sein, wie der Held im Mythos, der, äußerlich gesehen, der gleiche Mann wie vorher ist, obwohl er diese Wanderung gemacht hat. Von der Bedeutung her sind sie jedoch völlig verschieden: Das Verstehen des ersteren geht aufgrund vom Ich von der Subjekt-Objekt-Spaltung aus; dasjenige des letzteren aufgrund vom ‹Nicht-Ich› von der völlig bewußten Subjekt-Objekt-Einheit aus.

Für das Verstehen von der Subjekt-Objekt-Einheit im Zusammenhang mit dem ‹Nicht-Ich› mag ein praktisches Beispiel von einem Rat eines Zen-Meisters namens Tukuan an seinen Schüler im Schwertkampf dienen:

> "Wenn der Schwertkämpfer seinem Feind gegenübersteht, soll er weder an den Gegner noch an sich selbst, noch an die Bewegungen des Schwertes seines Gegners denken. Er soll einfach dastehen mit seinem Schwert, alle Technik vergessen und das Schwert lediglich dem Befehl des Nicht-Ich folgen lassen. Der Mann als Schwertführer existiert nicht mehr. Wenn er zuschlägt, ist es nicht der Mann, welcher zuschlägt, sondern das Schwert in den Händen des Nicht-Ich. Laut Berichten sollen Männer nicht einmal gewußt haben, daß sie den Gegner niedergeschlagen hatten" (Suzuki 1972, S.33 f).

Was hier auffällt, ist, daß sich der Kämpfer nicht einmal der Tatsache bewußt wird, den Gegner zu Boden gestreckt zu haben, da er durch das Selbst bewußtseinstranszendent und auf diese Weise mit dem Gegner eins war. Mit anderen Worten, das Ich des Kämpfers hat nichts getan, sondern es war das ‹Nicht-Ich› bzw. das Selbst, das gehandelt hat. ‹Nichtbewußt› ist aber nicht im Sinne der Unbewußtheit, sondern im Sinne von ‹bewußtseinstranszendent› bzw. ‹totalbewußt› zu verstehen. In diesem Sinne spricht der Zen-Buddhismus vom Unbewußten (ebd., S.20 ff). Dies heißt, der Zen-Buddhismus versteht das Unbewußte nicht vom Ichbewußtsein als Unbewußtheit, sondern von sich selbst als Luminosität.

Im Zen wird im allgemeinen die Verstehensmethode auch als ‹Nicht-Ich› oder ‹Nicht-Psyche› benannt. Die Psyche von ‹Nicht-Psyche› weist hier auf die unbewußten Inhalte im Sinne der analytischen Psychologie hin und ‹Nicht-Psyche› bedeutet also die Bewußtwerdung der unbewußten Inhalte. ‹Nicht-Psyche› wird demnach mit ‹Nicht-Ich› als identisch betrachtet: Je mehr die unbewußten Inhalte bewußt werden, um so mehr wird das Ich abnehmen.

Dieser Charakter der Negation des Ich ist zum Beispiel besonders im Koan-Zen ersichtlich. Koan ist ein rätselhaftes Problem entsprechend der Antwort des Zen-Meisters auf die Frage eines Schülers, um ein intellektuelles Verstehen des Ich zu durchbrechen, um damit das ‹Nicht-Ich› bzw. das ganzheitliche und einheitliche Verstehen zu erzielen, wie es in ‹Die aktive Imagination als dialektische Auseinandersetzung› im Vergleich mit dem Verstehen des Phantasiebildes in der analytischen Psychologie beispielsweise gezeigt worden ist.

Die Bedeutung des Verstehens in der Individuation besteht zusammenfassend darin, daß das Selbst bewußt wird, d.h., das Selbst gleichsam dem Selbstbewußtsein bewußt wird, das das Ichbewußtsein transzendiert.

Nachfolgend wird auf das Mittel, wie das Selbst bewußt wird, eingegangen. Dabei stehen Traum und Übertragung im Zentrum.

5 Das Mittel zur Bewußtwerdung des Selbst

5.1 Der Traum

Für Jung war sein Traum eigentlich er selber und die Quelle alles dessen, was er in seinem Leben tat und schrieb. Er war, wie er in seiner Autobiographie (Erinnerungen, Träume, Gedanken) äußert, ein guter Träumer. Er hatte stets viele und symbolisch tiefe Träume, die er beobachtete, aufschrieb und im Gedächtnis behielt. Die Träume stellten für ihn die Essenz seines Lebens dar, und er schreibt: "Im Grunde genommen sind mir nur die Ereignisse meines Lebens erzählenswert, bei denen die unvergängliche Welt in die vergängliche einbrach. Zu ihnen gehören meine Träume und Imaginationen. Sie bilden gleichsam den Urstoff meiner wissenschaftlichen Arbeit. Sie waren wie feuerigflüssiger Basalt, aus welchem sich der zu bearbeitende Stein herauskristallisierte ... Sehr früh war ich zu der Einsicht gekommen, daß wenn es auf die Verwicklungen des Lebens keine Antwort und keine Lösung von innen her gibt, sie letzten Endes wenig besagen. Die äußeren Umstände können die inneren nicht ersetzen. Darum ist mein Leben arm an äußeren Ereignissen" (Jaffé (Hrsg.) 1982, S. 11 f).

Jung erfährt zunächst den Traum als solchen, d.h., er unterscheidet diesen nicht wie Freud als manifestes Traumbild und latenten Traumgedanken. Das manifeste Traumbild ist für Jung der Traum selber und enthält den ganzen Sinn, wie er sich gegenüber Freud äußert: "Wenn ich Zucker im Urin finde, so ist es Zucker und nicht eine bloße Fassade für Eiweiß. Was Freud ‹Traumfassade› nennt, ist die Undurchsichtigkeit des Traumes, was aber in Wirklichkeit eine bloße Projektion des Nichtverstehens ist, d.h., man spricht nur darum von Fassade, weil man keine Einsicht in den Traum hat. Sagen wir darum besser, es handle sich um etwas wie einen unverständlichen Text, der überhaupt keine Fassade hat, sondern von uns einfach nicht gelesen werden kann. Dann brauchen wir auch nicht zu deuten, was dahinter sein könnte, sondern müssen ihn zuerst lesen lernen" (Jung 1976, G.W., Bd. 16, S. 158 f). Mit dieser Aussage, die auf dem phänomenologischen Standpunkt Jungs beruht, weist er auf die Gefahr hin, daß der Traum durch eine solche Unterscheidung des manifesten Traumbildes und des latenten Traumgedankens sich nur auf eine Ursache reduziere und dadurch klar verstanden werde, obwohl dieser aber im Grunde nicht klar verstanden wird.

Für Jung war der Traum eine Botschaft aus dem Unbewußten, daß das wirklich Unbekannte von unermeßlicher Tiefe und Weite ist, so daß für ihn keine Möglichkeit bestand, eine intellektuelle Theorie aufzustellen; jeder Traum mußte für ihn immer wieder einzeln und neu in seinem Sinne erschlossen werden. Die Frage ist nun, was versteht Jung unter dem Sinn des Traumes, und wie wird dieser von ihm gedeutet? Hier ist man sich bewußt, daß das Hauptanliegen darin besteht, wie sich das Verstehen in der Traumdeutung zeigt.

5.1.1 Der Traum als Darstellung des Selbst

Der Traum ist ein psychisches Gebilde oder Faktum, das im Gegensatz zu sonstigen Bewußtseinsinhalten nach Form und Bedeutungsgehalt anscheinend nicht in der Kontinuität der Entwicklung dieser liegt. Der Traum geht nicht wie andere Bewußtseinsinhalte aus einer klar ersichtlichen, logischen und emotionalen Kontinuität des Erlebens hervor: "Im Unterschied zum logisch gerichteten Vorstellen, das wir als ein besonderes Charakteristikum des bewußten Geistesprozesses betrachten dürfen, ist die Vorstellungsverbindung im Traum eine wesentlich Phantastische; eine Assoziationsart, welche Zusammenhänge liefert, die dem Wirklichkeitsdenken in der Regel ganz fremd sind" (Jung 1976, Bd. 8, S. 266).

Was versteht man unter dem Sinn des Traumes in der analytischen Psychologie? Auf diese Frage können wir von einer voraussetzenden Aussage Jungs ausgehen: "So sehr die Träume auf ein bestimmt geartetes Bewußtsein und auf eine bestimmte seelische Situation sich beziehen, so tief liegen ihre Wurzeln in dem unerkennbar dunkeln Hintergrund des Bewußtseinsphänomens. Wir nennen diesen Hintergrund aus Ermangelung eines bezeichnenderen Ausdrucks das Unbewußte. Wir kennen sein Wesen an und für sich nicht, sondern beobachten nur gewisse Auswirkungen, aus deren Beschaffenheit wir gewisse Rückschlüsse auf die Natur der unbewußten Psyche wagen" (ebd., S. 317).

Die Frage nach dem Sinn des Traumes wurde erstmals im Rahmen der Wissenschaft bei Freud gestellt, und Jung schreibt: "Abgesehen von den jahrtausendalten Bemühungen, dem Traum einen prophetischen Sinn anzudeuten, ist die Entdeckung Freuds praktisch der erste Versuch, in den Sinn der Träume einzudringen, ein Versuch, dem das Attribut ‹wissenschaftlich› zuerkannt werden darf, indem dieser Forscher eine Technik angegeben hat, von der nicht nur er selber, sondern auch sehr viele andere Forscher behaupten, daß sie zum Ziele, nämlich zum Verstehen des Traumsinnes führe; eines Sinnes, der nicht identisch mit den fragmentarischen Sinnandeutungen des manifesten Trauminhaltes ist" (ebd., S. 266). Der Traumsinn bei Freud ist also als latenter Traumgedanke im Sinne der Kausalität zu verstehen, so wie er die Traumentstehung betrachtet, indem die unbewußten Triebwünsche, die latenten Traumgedanken vom Traumzensor bis zum unkenntlichen manifesten Traum entstellt werden" (Vgl. Freud 1972, S. 151 ff). Jung aber hat im Traum nicht nur den kausalen, sondern auch den finalen Sinn nach seiner allgemeinen psychologischen Betrachtungsweise berücksichtigt: "Wenn ein psychologisches Faktum erklärt werden soll, so ist daran zu erinnern, daß das Psychologische eine doppelte Betrachtungsweise erfordert, nämlich die kausale und die finale" (Jung 1976, G.W., Bd. 8, S. 269). "Erst eine Vereinigung beider Gesichtspunkte, die heutzutage wegen vorhandener enormer Schwierigkeiten theoretischer wie praktischer Natur in wissenschaftlich befriedigender Weise noch nicht vollzogen ist, vermag uns eine vollkommenere Auffassung vom Wesen des Traumes zu geben" (ebd., S. 275). Jung jedoch betrachtet die finale Betrachung als primär und wesentlich, indem die kausale Betrachungsweise der finalen untergeordnet wird, d.h., die Ursache als Mittel zum Zweck (Zweckursache) verstanden wird.

Jung hat im Zusammenhang mit der Kausalität den Begriff ‹Konditionalismus› in die Auffassung des Traumes eingeführt; d.h. "unter Bedingungen, die so oder so beschaffen sind, können sich solche oder solche Träume ereignen" (Jung 1987, Kinderträumeseminare, S. 17). Das Ausschlaggebende ist also die jeweilige Situation mit ihren derzeitigen, gegenwärtigen Bedingungen. Ein gleiches Problem mit einer gleichen Ursache kann je nach dem Gesamtzusammenhang eine verschiedene Bedeutung haben; es kann, dem Gesichtspunkt des Konditionalismus entsprechend, vieldeutig sein, also ohne Rücksicht auf die Situation und die Verschiedenheit seiner Erscheinungsweise stets nur dasselbe bedeuten. Der Konditionalismus ist eine Erweiterungsform der Kausalität, er ist eine mehrdeutige Auslegung kausaler Beziehungen und stellt in diesem Sinne einen Versuch dar, "die strenge Kausalität durch ein Ineinanderwirken von Konditionen aufzufassen, die Eindeutigkeit des Zusammenhanges von Ursache und Wirkung durch die Vieldeutigkeit des Wirkungszusammenhanges zu erweitern. Die Kausalität im allgemeinen Sinne wird aber dadurch nicht aufgehoben, sondern nur dem vielschichtigen Material angepaßt" (ebd.), also erweitert und ergänzt. Dementsprechend wird die Bedeutung eines Traummotivs nicht allein aus seiner kausalen Bedingtheit, sondern gleichzeitig aus seinem Stellenwert innerhalb des gesamten Traumkontextes erklärt.

Die finale Betrachtungsweise Jungs behandelt das Material synthetisch aus der aktuellen Situation gegen die Zukunft hin aufbauend, indem sie versucht, die Beziehung zwischen dem Bewußtsein und dem Unbewußten herzustellen. Sie stammt einerseits aus seinem energetischen, dynamischen Standpunkt, der folglich psychisches Geschehen in der Weise begreift, daß die psychische Energie den Veränderungen der psychischen Erscheinung zugrunde liege; im Gegensatz zum mechanistischen Standpunkt, der das psychische Geschehen in der Weise sieht, daß unveränderliche Substanzen nach festen Gesetzen ihre Beziehungen zueinander ändern, und andererseits von seiner Annahme, daß allen psychischen Phänomenen die immanente psychologische Zielstrebigkeit bzw. ein Zwecksinn zum Gleichgewicht der Psyche innewohne. Wenn ein Traum vom finalen Standpunkt aus betrachtet wird, so wird nach einem ihm eigentümlichen Sinn und Zweck im aktuellen psychischen Geschehen gefragt: Wozu dient dieser Traum? Was soll er bewirken? Der Sinn und der Zweck des Traumes kommen mit den Begriffen von der Kompensation und dem Prospektiven zum Ausdruck, d.h., der Traum wird von der kompensierenden und prospektiven Funktion her betrachtet. Jung unterscheidet zuerst die prospektive Funktion des Traumes von seiner kompensatorischen. Letztere bedeutet zunächst, daß das Unbewußte, als relativ zum Bewußten betrachtet, der Bewußtseinslage alle diejenigen Elemente angliedert, die am Vortage unterschwellig geblieben sind, und zwar aus Gründen der Verdrängung sowohl wie auch aus dem Grunde, daß sie einfach zu schwach waren, als daß sie das Bewußtsein hätten erreichen können. Die Kompensation ist, im Sinne der Selbststeuerung des psychischen Organismus, als zweckmäßig zu bezeichnen. Die prospektive Funktion dagegen ist "eine im Unbewußten auftretende Antizipation zukünftiger bewußter Leistung, etwa wie eine Vorübung oder wie eine Vorausskizzierung, ein im voraus entworfener Plan.

Sein symbolischer Inhalt ist gelegentlich der Entwurf einer Konfliktlösung" (ebd., S. 283). Bei der prospektiven Funktion wird der Bewußtseinsinhalt als relativ zum momentan konstellierten unbewußten Inhalt betrachtet, im Gegensatz zur kompensatorischen Funktion, wobei das Unbewußte als relativ zum Bewußtsein angesehen wird. Durch die prospektive Funktion des Traumes bietet das Unbewußte dem Träumer gleichsam Lösungsmöglichkeiten für aktuelle Konflikte oder rezente Probleme im Sinne einer übenden Vorschau an. Der prospektive Traum ist aber vom prophetischen Traum zu unterscheiden. Der prospektive Traum ist mit einer vorsichtigen Berücksichtigung aller Gegebenheiten vergleichbar, die zur Zeit des Traumes entdeckbar sind. Dabei ist das Unbewußte jedoch dem Bewußtsein gegenüber insofern im Vorteil, als es über Inhalte verfügt, die dem Bewußtsein entgangen sind oder die ihm nicht mehr zur Verfügung stehen. Dem Unbewußten ist somit eine kombinierende Vorausschau im Sinne einer Wahrscheinlichkeitsprognose umfassender möglich als dem bewußten Denken. Wichtig ist dabei, nicht zu vergessen, daß die vom Traum gestellte Prognose nicht zutreffen muß, da zwischenzeitlich eingetretene Veränderungen der psychischen Situation sowie der äußeren Realität das Bild grundlegend wieder verschieben können. Jung warnt ausdrücklich davor: "Obschon meines Erachtens die prospektive Funktion eine wesentliche Eigenschaft des Traumes ist, so tut man doch gut daran, diese Funktion nicht zu überschätzen, da man sonst leicht der Meinung verfällt, der Traum sei eine Art von Psychopompos, der aus überlegener Kenntnis heraus dem Leben eine untrügliche Richtung zu verleihen im Stande sei" (ebd., S. 283 f). Man kann wohl nicht wissen, ob ein Traum etwas Zukünftiges vorwegnimmt, da man es immer nur hinterher erkennt. Demnach ist die prospektive Funktion nicht als ein allgemeines Prinzip, den Sinn des Traumes aufzufassen, zu betrachten, obwohl sie eine Möglichkeit zum Verstehen des Traumes gibt.

Die kompensatorische Funktion des Traumes ist dagegen eine balancierende Funktion des Unbewußten. Damit ist gemeint, daß das Unbewußte bemüht ist, einen verhältnismäßig einseitigen Bewußtseinszustand auszugleichen, indem es sich anstrengt, auf die nicht beachteten Aspekte des Lebens hinzuweisen. Grundsätzlich bestehen drei Möglichkeiten des Kompensierens durch das Unbewußte auf bewußte Verhaltensweisen. Ist die Einstellung des Bewußtseins zur gegenwärtigen Situation in erheblichem Maße einseitig, dann nimmt der Traum die gegensätzliche Position ein. Ist die Einstellung in etwa dem richtigen Verhalten angenähert, dann gibt sich der Traum mit leichten Modifikationen der bewußten Haltung zufrieden. Ist das Verhalten des Individuums der Situation angemessen, dann unterstreicht der Traum die bewußte Tendenz. Jung hat demnach darauf hingewiesen, daß der Begriff der Kompensation mit dem der Komplementierung nicht verwechselt werden sollte: "Das Komplement ist ein beschränkter und beschränkender Begriff, der nicht genügt, um die Traumfunktion passend zu erklären, da er ein sozusagen zwangsläufiges Ergänzungsverhältnis bezeichnet. Die Kompensation dagegen ist, wie der Terminus besagt, eine Gegeneinanderhaltung und Vergleichung verschiedener Daten oder Standpunkte, wodurch ein Ausgleich oder eine Berichtigung entsteht" (ebd., S. 317). Die kompensatorische Funktion des Unbewußten beruht auf einer Selbstregulierung der Psyche (auch der Körper nimmt zum Beispiel kompensatorische Maßnahmen bei Infektionen oder Verletzungen vor). Jung sagt also, daß die Kompensation eine Realität ist, die um so "realer" wird, je mehr man sie verdrängt. Deshalb müsse der Trauminhalt zunächst als Realität ernst genommen und als solcher in die bewußte Einstellung als mitbestimmender Faktor aufgenommen werden. Er nimmt daher die Kompensation als eine Formel oder ein Prinzip an, um die Verhaltensweisen des Traumes sinnvoll zusammenzufassen. Demnach betrachtet er auch Freuds Auffassung des Traumprozesses als kompensatorisch, dies jedoch nur in beschränktem Maße.

"Freuds Auffassung bewegt sich in der gleichen Richtung, indem sie dem Traume ebenfalls eine kompensatorische Rolle zuschreibt, nämlich hinsichtlich der Erhaltung des Schlafes. Es gibt, wie Freud gezeigt hat, viele Träume, welche dartun, wie gewisse Reize, die geeignet sind, den Träumer dem Schlafe zu entreißen, in einer Weise entstellt werden, daß sie der Absicht des Schlafenwollens bzw. des Nichtgestörtseinwollens förderlich sind. Ebenso gibt es zahllose Träume, in denen, wie Freud wiederum zeigen konnte, intrapsychische Störungsreize, wie das Auftreten von persönlichen Vorstellungen, die geeignet sind, stärkere affektive Reaktionen auszulösen, in einer solchen Weise entstellt werden, daß sie sich einem Traumzusammenhange einfügen, der die peinlichen Vorstellungen in einem Maße verhüllt, daß eine stärkere Affektbetonung verunmöglicht wird. Demgegenüber darf aber die Tatsache nicht übersehen werden, daß es eben gerade die Träume sind, welche den Schlaf am meisten stören, daß es sogar Träume gibt – und zwar nicht wenige –, deren dramatisches Gefüge sozusagen logisch auf eine höchst affektvolle Situation hinzielt und sie auch dermaßen vollständig erzeugt, daß der Affekt den Träumer unbedingt weckt. Die Freudsche Auffassung erklärt solche Träume damit, daß es der Zensur nicht mehr gelungen sei, den peinlichen Affekt zu unterdrücken. Es scheint mir, daß diese Erklärung den Tatsachen nicht gerecht wird. Jene Fälle, wo die Träume sich manifest mit den peinlichen Erlebnissen oder Vorstellungsinhalten des Taglebens in der unangenehmsten Weise beschäftigen und gerade die am meisten störenden Gedanken in peinlichster Deutlichkeit zur Darstellung bringen, sind allbekannt ... Dasselbe gilt auch von jenen Fällen, wo verdrängte Sexualphantasien unverhüllt im manifesten Trauminhalt auftreten" (ebd., S. 279 f).

Damit zeigt sich, daß sich die von Jung betrachtete kompensatorische Funktion des Traumes bei Freud auf den Schlafzustand selber beschränkt, derweil sich die seinige auf das bewußte Leben bezieht, d.h., die Träume sich kompensierend zur jeweiligen Bewußtseinslage verhalten. Auf diese Weise betrachtet Jung auch die reduzierende Funktion des Traumes, unter welcher er die Freudsche Traumauffassung subsumiert. Die reduzierende Funktion des Traumes läßt sich dort beobachten, wo Menschen nicht verfügbare Fähigkeiten vortäuschen, und somit eigentlich über ihrem persönlichen Wert leben. Solche Menschen erklimmen eine nicht ihrem Wesen entsprechende höhere Stufe, zum Beispiel vermöge der Wirkung eines Kollektivideals oder der Lockung eines Kollektivvorteils oder der Unterstützung durch die Sozietät. Sie sind, im Grunde genommen, ihrer äußeren Höhe innerlich nicht gewachsen. In diesem Fall bemüht sich die reduzierende Funktion des Traumes im Sinne der Kompensation, den Träumer auf sein wirkliches Maß zu reduzieren. Der reduktive Traum zeigt dem Träumer seine verborgenen negativen Seiten, die er wohlweislich verdrängt hatte. Verdrängungen werden hervorgeholt und dem Träumer vor Augen geführt. Solch eine Reduktion oder Entwertung wird nach Jung im Sinne einer Selbststeuerung als kompensierend verstanden.

Die Kompensation erscheint somit zuerst als jeweilige Ausgleichung von Einseitigkeiten oder Ausbalancierung gestörter Gleichgewichtslagen. Was geschieht aber hinter jeder Kompensation? Welchen Sinn hat die Kompensation? Liegt der Sinn jeder Kompensation nur in der Ausbalancierung gestörter Gleichgewichtslagen, die durch die Kenntnisse der Bewußtseinslage bemerkbar sind?

"Bei tieferer Einsicht und Erfahrung ordnen sich diese anscheinend einmaligen Kompensationsakte einer Art Plan ein. Sie scheinen unter sich zusammenzuhängen und in tieferem Sinne einem gemeinsamen Ziel untergeordnet zu sein, so daß eine lange Traumserie nicht mehr als ein sinnloses Aneinanderreihen inkohärenter und einmaliger Geschehnisse erscheint, sondern als ein wie in planvollen Stufen verlaufener Entwicklungs- oder Ordnungsprozeß" (ebd., S. 319). Jung hat diesen Vorgang als Individuationsprozeß bezeichnet, "der der psychologischen Kompensation zugrunde liegt" (ebd., S. 320). Somit hängt der Sinn der Kompensation mit dem Individuationsprozeß zusammen, d.h., der eigentliche Sinn der Kompensation liegt darin, das Selbst zu verwirklichen. Dabei können wir aber je nach dem Lebensabschnitt des Individuationsprozesses nach der Bedeutung des Traumes fragen, weil die zwei großen Abschnitte, die erste und die zweite Lebenshälfte, gegensätzliche Vorzeichen tragen. Jung sagt zunächst: "Nicht alle Träume sind von gleicher Wichtigkeit. Schon die Primitiven unterscheiden ‹kleine› und ‹große› Träume. Wir würden etwa sagen, ‹unbedeutende›, und ‹bedeutende› Träume. Genauer besehen sind die ‹kleinen› Träume die allnächtlichen Phantasiefragmente, die der subjektiven und persönlichen Sphäre entstammen und sich hinsichtlich ihrer Bedeutung in der Alltäglichkeit erschöpfen. Deshalb werden solche Träume auch leicht vergessen, weil eben die Gültigkeit nicht weiter reicht als die täglichen Schwankungen des seelischen Gleichgewichtes. Bedeutungsvolle Träume dagegen werden oft ein Leben lang im Gedächtnis bewahrt ... Es sind in ihnen sogenannte mythologische Motive bzw. Mythologeme enthalten, die ich als Archetypen bezeichnet habe" (ebd., S. 320 f). Die ‹kleinen› Träume sind also solche Träume, die die Inhalte des persönlichen Unbewußten beinhalten und die persönlichen Probleme des jeweiligen Individuums erörtern, derweil die ‹großen› Träume aus dem kollektiven Unbewußten stammen und die entsprechenden Inhalte hervorbringen.

Somit können wir sehen, daß, solange die Individuation in der ersten Lebenshälfte in bezug auf das Unbewußte die Bewußtwerdung der persönlichen Inhalte und diejenige in der zweiten Lebenshälfte dagegen eigentlich die Bewußtwerdung der kollektiven unbewußten Inhalte behandeln, die ‹kleinen› Träume der Individuation in der ersten Lebenshälfte und die ‹großen› Träume derjenigen in der zweiten Lebenshälfte entsprechen. Dies deutet darauf hin, daß das Verstehen der ‹kleinen› und der ‹großen› Träume verschieden sein kann, was nachstehend in der Traumdeutung zur Sprache kommt.

5.1.2 Die Traumdeutung als Hinweis auf die Wirkung des Selbst

Da der Traum in der analytischen Psychologie als eine einheitliche, geheimnisvolle Botschaft des Selbst betrachtet wird, stellt die

Traumdeutung eine schwierige Aufgabe dar, d.h., da sich ein jeder Traum eigentlich auf das ganze Wesen des Menschen bezieht, ist eine Traumdeutung eine ganzheitliche Arbeit. Jung weist deshalb zunächst in bezug auf die Traumdeutung auf eine Regel und eine Einstellung hin: "Ich habe es mir schon längst zur Regel gemacht, wenn mir jemand einen Traum erzählt und nach meiner Meinung fragt, vor allem einmal zu mir selber zu sagen: ‹ich habe keine Ahnung, was dieser Traum bedeutet›. Nach dieser Feststellung kann ich dann daran gehen, den Traum zu untersuchen ... Auch wenn man eine große Erfahrung auf diesem Gebiet besitzt, so ist man doch immer wieder genötigt, vor jedem Traum sein Nichtwissen sich einzugestehen und, auf alle vorgefaßten Meinungen verzichtend, sich auf etwas gänzlich Unerwartetes einzustellen" (ebd., S. 313 ff). Im Zusammenhang damit ist es wichtig, nicht nur den einzelnen Traum isoliert zu betrachten, sondern ihn als Teil einer ganzen Reihe von Träumen zu sehen, denn eine relative Sicherheit erreicht die Deutung erst in der Traumserie, wobei die nachfolgenden Träume die Irrtümer in der Deutung der vorausgegangenen berichtigen. In der Traumserie lassen sich auch die zugrundeliegenden Inhalte und Motive viel besser erkennen, und ferner macht sie den Verlauf des Libidowandels erkennbar. Dieser Wandel ist ein Individuationsprozeß, der während des ganzen Lebens des Individuums nach Ganzheit, nach Entfaltung all seiner Seinsmöglichkeiten, nach Abrundung und Vollkommenheit strebt. Wie kann man dann an den Traum herangehen? Diese Frage betrifft zuerst die kleinen Träume.

Da das manifeste Traumbild in der analytischen Psychologie der Traum selber ist und den ganzen Sinn enthält, muß man sich, wenn immer möglich, an die Traumbilder halten. Danach kann man zunächst die Traumstruktur näher anschauen, damit ein besserer Überblick über den Traumfortgang erreicht wird. Jung erfaßt eine Mehrzahl ‹durchschnittlicher› Träume als ein ganzes, abgerundetes

Geschehen mit einem dramaartigen strukturellen Aufbau, so wie er beispielsweise darstellt:

"Der Traum beginnt mit einer Ortsangabe, wie: ‹Ich bin auf einer Straße, es ist eine Allee›; oder: ‹Ich bin in einem großen Gebäude wie ein Hotel› usw. Dazu kommt häufig eine Angabe über die handelnden Personen, z.B.: ‹Ich gehe mit einem Freund X spazieren in einer städtischen Anlage. Bei einer Wegkreuzung stoßen wir plötzlich auf Frau Y›; oder: ‹Ich sitze mit Vater und Mutter in einem Eisenbahncoupé›; oder: ‹Ich bin in der Uniform, viele Dienstkameraden umgeben mich› und so weiter. Zeitangaben sind seltener. Ich bezeichne diese Phase des Traumes als Exposition. Sie gibt den Ort der Handlung, die handelnden Personen und häufig die Ausgangslage an.

Die zweite Phase ist die der Verwicklung. Zum Beispiel: ‹Ich bin auf einer Straße, es ist eine Allee. In der Ferne taucht ein Automobil auf, das sich rasch nähert. Es fährt merkwürdig unsicher, und ich denke, der Chauffeur sei am Ende betrunken›. Oder: ‹Frau Y scheint in großer Erregung zu sein und will mir hastig etwas zuflüstern, was offenbar mein Freund X nicht hören soll›. Die Situation wird irgendwie kompliziert, und es tritt eine gewisse Spannung ein, da man nicht weiß, was es jetzt geben soll. Die dritte Phase ist die der Kulmination oder der Peripetie. Hier geschieht etwas Entscheidendes oder es schlägt etwas um, z.B.: ‹Plötzlich bin ich im Wagen und anscheinend selber dieser betrunkene Chauffeur. Ich bin allerdings nicht betrunken, sondern seltsam unsicher und wie steuerlos. Ich kann den rasch fahrenden Wagen nicht mehr halten und stoße mit Krach in eine Mauer›. Oder: ‹Plötzlich wird Frau Y leichenblaß und stürzt zu Boden›.

Die vierte und letzte Phase ist die Lysis, die Lösung oder das durch die Traumarbeit erzeugte Resultat (es gibt gewisse Träume, bei denen die vierte Phase fehlt, was unter Umständen ein besonderes Problem bilden kann, das hier nicht zu diskutieren ist), zum Beispiel: ‹Ich sehe, daß der Vorderteil des Wagens zerschmettert ist. Es ist ein fremder Wagen, den ich nicht kenne. Ich selber bin unverletzt. Ich denke mit einiger Besorgtheit über meine Verantwortlichkeit nach›. Oder: ‹Wir denken, Frau Y sei tot. Aber es ist offenbar nur eine Ohnmacht. Freund X ruft: ‹Ich muß einen Arzt holen›. Die letzte Phase gibt einen abschließenden Tatbestand, der zugleich auch das ‹gesuchte› Resultat ist" (ebd., S. 324 f).

Mit einer solchen Struktur des Traumes ist es auch möglich, die Beziehung desselben zu den Zeitelementen, d.h., zur Vergangenheit, Gegenwart und Zukunft besonders in bezug auf die Initialträume zu sehen und somit erkennen zu lassen, auf welches Problem oder auf welche vorhandene Entwicklungsmöglichkeit der Traum hinweist. In dieser Beziehung erwähnt Jung: "In vielen Fällen weisen die Träume zunächst zurück in die Vergangenheit und erinnern an Vergessenes und Verlorenes. Öfters nämlich ereignen sich diese Stillstände und Desorientierungen, wenn die Lebensführung einseitig geworden ist. Dann kann nämlich ein plötzlicher sogenannter Libidoverlust eintreten. Alle bisherige Tätigkeit wird uninteressant, ja sinnlos und ihre Ziele sind plötzlich nicht mehr begehrenswert ... In diesen Fällen kommt es oft vor, daß andere Entwicklungsmöglichkeiten der Persönlichkeit irgendwo in der Vergangenheit begraben liegen, und niemand weiß davon, nicht einmal der Patient. Der Traum aber kann die Spur aufdecken. In anderen Fällen verweist der Traum auf Gegenwartstatsachen, von denen das Bewußtsein nie angenommen hat, daß sie problematisch oder konflikthaft sein könnten, zum Beispiel: Ehe, soziale Stellung usw. Diese Möglichkeiten liegen noch im Bereich des Rationalen, und es würde mir wohl nicht schwer fallen, solche Initialträume plausibel zu machen. Die wirkliche Schwierigkeit beginnt erst, wenn die Träume auf keine Handgreiflichkeiten hinweisen, und das tun sie häufig, besonders dann, wenn sie etwas Zukünftiges vorauszuerfassen versuchen" (ebd., G.W., Bd. 16, S. 45 f). Es kann aber durchaus der Fall sein, daß gewisse Träume alle drei Zeitelemente in sich beinhalten, wobei eventuell die Vergangenheit der Verwicklung der Traumstruktur, die Gegenwart der Peripetie und die Zukunft der Lysis entspricht, und damit der Traum auf eine Entwicklungslinie des ganzen Lebens des Träumers hinweist (Vgl. Walder 1979, S. 219 f).

Nachdem die Traumstruktur eingehend betrachtet worden ist, kann auf die persönlichen Einfälle des einzelnen Traumbildes eingegangen werden. Mit ‹Einfälle› meint Jung keine ‹freien Assoziationen› Freuds, d.h., nicht eine nach rückwärts zu verfolgende, zwingend kausal verbundene, lückenlose Kette von Assoziationen, sondern persönliche Assoziationen im Sinne des Amplifizierens für eine Erweiterung und Bereicherung des Traumbildes. Die Bedeutung der Einfälle besteht nämlich für Jung darin, den Traumkontext zu verstehen. Jedes Traumbild hat, je nach dem Träumer, nicht bloß einen Sinn, sondern ist vieldeutig.

Zum Beispiel: "Träumt jemand von einem Tisch, so weiß man noch lange nicht, was der Tisch des Träumers bedeutet, obwohl das Wort ‹Tisch› unzweideutig genug zu sein scheint. Wir wissen nämlich eines nicht, und zwar, daß dieser Tisch gerade jener Tisch ist, an dem sein Vater saß, als er dem Träumer jegliche weitere finanzielle Hilfe versagte und ihn als Taugenichts aus dem Haus warf. Die blanke Oberfläche dieses Tisches starrte ihn als Symbol seiner katastrophalen Untauglichkeit im Bewußtsein des Tages sowohl wie im Traum der Nacht entgegen. Das ist, was der Träumer unter ‹Tisch› versteht" (ebd., G.W., Bd. 8, S. 314 f). Durch diese Einfälle des Träumers versteht man, wenigstens in der Hauptsache, jedes einzelne Motiv, wohl aber nicht den Traum, d.h., man erkennt, in was für einem subjektiven Kontext das Traumbild steht.

Aufgrund dieser Erkenntnis hat Jung ein Verfahren entwickelt, das er als ‹das Aufnehmen des Kontextes› bezeichnete, und das darin besteht, daß bei jeder hervorstechenden Einzelheit des Traumes durch die Einfälle des Träumers festgestellt wird, in welcher Bedeutungsnuance sie ihm erscheint. Dieses Verfahren ergibt aber als Resultat nicht immer einen unmittelbar verständlichen Text des Traumes, sondern oft nur einen bedeutsam erscheinenden Hinweis auf zahlreiche Möglichkeiten. Wenn es also mit dem Aufnehmen des Traumkontextes nicht gelingt, den Traum zu verstehen, dann soll man weiter nach dem kompensatorischen Verhältnis zwischen dem Bewußtsein und dem Unbewußten fragen: Welche bewußte Einstellung wird durch den Traum kompensiert?

Kompensation erscheint zunächst als eine jeweilige Ausgleichung von Einseitigkeiten des Bewußtseins oder Ausbalancierung gestörter Gleichgewichtslagen zwischen dem Bewußtsein und dem Unbewußten. Demnach soll man die bewußte Situation des Träumers kennen, um die kompensatorische Bedeutung des Traumes zu verstehen, und um ihn damit mit annähernder Sicherheit zu deuten, wie Jung an einem Beispiel zeigt:

"Ein junger Mann brachte mir folgenden Traum: Mein Vater fährt in seinem neuen Wagen von Hause fort. Er fährt sehr ungeschickt, und ich rege mich über seine anscheinende Dummheit auf. Der Vater fährt nun kreuz und quer und rückwärts, wodurch er den Wagen in eine gefährliche Lage bringt, und schließlich rennt er in eine Mauer hinein, wobei der Wagen schwer beschädigt wird. Ich rufe ihm in hellstem Zorne nach, er soll sich doch vernünftig benehmen. Da lacht mein Vater, und ich sehe, daß er total betrunken ist. Dem Traum liegt kein wirkliches Ereignis dieser Art zu Grunde. Der Träumer ist sicher, daß sein Vader, auch wenn er betrunken wäre, sich niemals so benehmen würde. Er selber ist Automobilist, sehr sorgfältig, in Alcoholics durchaus mäßig, besonders wenn er fährt; er kann sich in hohem Maße über ungeschicktes Fahren und kleine Beschädigungen am Wagen aufregen. Das Verhältnis zu seinem Vater ist positiv. Er bewundert ihn, weil er ein ungewöhnlich erfolgreicher Mann sei. Ohne weitere Deutekunststücke kann man sagen, daß der Traum ein für den Vater äußerst ungünstiges Bild entwirft. In welchem Sinne werden wir die Frage nach der Bedeutung dieses Traumes für den Sohn zu beantworten haben? Ist sein Verhältnis zum Vater nur scheinbar gut und besteht es in Wirklichkeit aus überkompensierten Widerständen? In diesem Fall müßte man dem Traumbild ein positives Vorzeichen geben, d.h., man müßte sagen: Das ist Ihr wirkliches Verhältnis zu Ihrem Vater. Da im wirklichen Verhältnis des Sohnes zum Vater nichts neurotisch Zweideutiges auffindbar ist, so wäre es ungerechtfertigt, das Gefühl des jungen Mannes mit einer solchen vernichtenden Denkweise zu beschweren. Therapeutisch wäre das einfach ein Mißgriff. Ist sein Verhältnis zum Vater aber tatsächlich ein gutes, warum muß der Traum dann künstlich eine so unwahrscheinliche Geschichte erfinden, um den Vater zu diskreditieren? Es muß im Unbewußten des Träumers eine Tendenz vorhanden sein, einen solchen Traum zu produzieren. Ist das so, weil er doch Widerstände hat, vielleicht aus Neid oder sonstigen minderwertigen Motiven? Bevor wir sein Gewissen beschweren, was bei empfindsamen jungen Leuten sowieso eine etwas gefährliche Sache ist, wollen wir lieber einmal fragen – nicht warum, sondern wozu hat er einen solchen Traum? Die Antwort in diesem Falle würde lauten: Sein Unbewußtes will offenkundig den Vater heruntersetzen. Nehmen wir diese Tendenz als kompensatorische Tatsache, so sind wir zum Schluße gedrängt, daß sein Verhältnis zum Vater nicht nur gut, sondern sogar zu gut ist. Er ist nun in der Tat, was die Franzosen fils à papa nennen. Der Vater ist noch zu viel Garantie seines Lebens, und der Träumer lebt noch zu sehr das, was ich provisorisches Leben nenne. Das ist sogar seine besondere Gefahr, daß er vor lauter Vater seine eigene Wirklichkeit nicht sieht, weshalb das Unbewußte zu einer künstlichen Blasphemie greift, um den Vater herunter – und damit den Träumer heraufzusetzen. Ein uneinsichtiger Vater würde sich dagegen wohl verwahren, aber es ist eine überaus zweckmäßige Kompensation, denn sie drängt den Sohn in einen Gegensatz zum Vater, ohne welchen er nie zur Bewußtheit seiner selbst gelangen könnte" (ebd., G.W., Bd. 16, S. 164 f). (Diese Deutung war die richtige und schlug dementsprechend ein, d.h., sie erreichte das spontane Einverständnis des Träumers).

Es zeigt sich also, daß die richtige kompensatorische Bedeutung des Traumes durch eine sorgfältige Ableuchtung der ganzen bewußten Phänomenologie (in diesem Beispiel des Sohn-Vater Verhältnisses) verständlich ist. Dabei können wir sehen, daß die kompensatorische Bedeutung des Traumes mit den objekt- und subjektstufigen Traumdeutungen Jungs zusammenhängt. In diesem Traum entspricht also die im Traum auftretende Gestalt des Vaters der realen Vatergestalt im äußeren Leben, und der Traum behandelt die Beziehung des Träumers zu dieser realen Gestalt. Da sich der Traum hier mit der wirklichen Person in der Außenwelt beschäftigt, bezeichnet man das Verständnis einer derartigen Traumgestalt als Objektstufe.

Die objektstufige Deutung versteht die im Traum auftretenden Gestalten und Figuren als reale Gegebenheiten, so wie sie eben auch in der äußeren Wirklichkeit tatsächlich vorhanden sind. Die subjektstufige Deutung faßt hingegen alle Gestalten und Figuren des Traumes als personifizierte Züge der Persönlichkeit des Träumers auf, mit anderen Worten, die Traumgestalten sind als Projektionen innerseelischer, unbewußter Persönlichkeitsanteile zu betrachten, die sich in den Traumgestalten personifiziert konkretisieren. Zum Beispiel: Wenn ich von einem Kollegen träume, welcher mir im Traum einen aufschlußreichen Hinweis auf meine Arbeit gibt, dann kann das Auftreten dieses Kollegen auf der Objektstufe so gedeutet werden, daß es seiner wirklichen Rolle in meiner Welt, in der ich mit ihm lebe, entspricht. Es kann daher das tatsächliche Verhältnis zwischen mir und ihm widerspiegeln. Wenn aber dieser Traum auf der Subjektstufe gedeutet wird, dann ist der Kollege das, was ich aus mir selber hervorgebracht habe, d.h., er ist nur ein Teil meiner selbst, eine bestimmte Möglichkeit meiner eigenen Existenz, vielleicht das, was ich eigentlich selber bin, ohne es zu wissen. Wie werden aber diese zwei Deutungsformen verwendet? Gibt es Kriterien, auf welcher Stufe gedeutet werden soll?

Die überwiegende Zahl der Träume, nämlich die ‹kleinen› Träume, kann sowohl auf der Subjekt- wie der Objektstufe, je nach Gestalt und Figur im Traum, in ihrer unterschiedlichen Gewichtsverteilung ausgelegt werden, wie von Jung hingewiesen: "Ebensosehr wie das Bild eines Objektes einerseits subjektiv zusammengesetzt ist, ist es andererseits objektiv bedingt. Wenn ich es in mir reproduziere, so erzeuge ich damit sowohl subjektiv als objektiv Bedingtes. Um nun zu entscheiden, welche Seite gegebenenfalls überwiegt, muß zuerst nachgewiesen werden, ob das Bild um seiner subjektiven oder objektiven Bedeutung willen reproduziert wird. Wenn ich also von einem Menschen träume, mit dem mich ein vitales Interesse verbindet, dann wird gewiß die Deutung auf der Objektstufe näherliegen als die andere. Wenn ich dagegen von einem mir in Wirklichkeit fernstehenden und indifferenten Menschen träume, dann liegt die Deutung auf der Subjektstufe näher" (ebd., G.W., Bd. 8, S. 295). Dadurch zeigt sich ein gewisser Hinweis, wie die objekt- und subjektstufigen Deutungen anzuwenden sind: Je näher die Traumgestalten dem Träumer stehen, desto näher liegt die Deutung auf der Objektstufe oder je ferner sie ihm stehen, umso näher ist jene auf der Subjektstufe.

Es scheint bei den objekt- und subjektstufigen Deutungen außerordentlich wichtig zu sein, die subjektiven und objektiven Bedeutungen des Traumbildes zu unterscheiden, damit dieses richtig gedeutet werden kann. Diese Deutungen können sonst zum Schaden des Träumers führen. Zum Beispiel: Ein Assistent von einer psychiatrischen Abteilung träumt von einem Schizophrenie-Patienten. Wenn dieser Traum mehr auf der Subjekt- als auf der Objektstufe gedeutet wird, obwohl dies nicht der Wirklichkeit entspricht, dann ist diese Deutung äußerst schädlich. Ein anderes Beispiel hingegen: Ein hypokritischer Wohltäter träumt von einem Verbrecher. Wenn dieser Traum eher auf der Objekt- als auf der Subjektstufe gedeutet wird, ist eine solche Deutung ebenfalls schädlich, weil sie zur Täuschung seiner Lebenshaltung führen kann.

Die Unterscheidung der subjektiven und der objektiven Bedeutungen eines Traumbildes besagt aber nicht, daß sie durch die subjekt- und objektstufigen Deutungen festgelegt werden sollen. So wie der Traum als eine Kompensation in einem dynamischen Verhältnis zwischen dem Bewußtsein und dem Unbewußten steht, sind die subjektiven und objektiven Bedeutungen eines Traumbildes und damit die objekt- und subjektstufigen Deutungen als in einem gleichen Verhältnis stehend zu betrachten und zu behandeln. ‹Dynamisch› bedeutet hier: Der Wechsel in der Ganzheit und die Ganzheit im Wechsel, wie es bei ‹dynamischer Mitte› im Konfuzianismus angesehen wird, wo die Mitte als dynamisch bezeichnet wird, weil sie immer die Mitte bzw. die Ganzheit im Wechsel hält (Vgl. Chai und Chai (Hrsg. und Übers.) 1965, S. 305 ff). Jedes Traumbild ist ein lebendiges als Ganzes, d.h., es bezieht sich auf die ganze Psyche. Daher muß es dynamisch subjekt- und objektstufig gedeutet werden, wie es Jung immer wieder in seinen praktischen Versuchen gelungen ist. Dann ergibt sich ein lebendig-ganzheitliches Verständnis und damit ein Einverständnis des Patienten.

In diesem Zusammenhang erwähnt Jung die Wichtigkeit des Einverständnisses des Patienten gegenüber der Gefahr des einseitigen Verstehens: "Verstehen ist bekanntlich ein sehr subjektiver Vorgang. Es kann sehr einseitig sein, wenn der Arzt versteht, der

Patient aber nicht. In diesem Fall hält es der Arzt für seine Pflicht, den Patienten zu überzeugen, und sollte letzterer sich doch nicht überzeugen lassen, so wird ihm der Arzt Widerstände vorwerfen. In diesem Falle, d.h., wo das Verstehen einseitig ist, würde ich ruhig von Nichtverstehen reden, denn im Grunde genommen kommt es sehr wenig darauf an, ob der Arzt versteht; alles hängt aber davon ab, ob der Patient versteht. Das Verständnis sollte daher vielmehr ein Einverständnis sein, ein Einverständnis, das die Frucht gemeinsamer Überlegung ist. Die Gefahr bei einseitigem Verstehen besteht nämlich darin, daß der Arzt aus vorgefaßter Meinung sich ein Urteil über den Traum bildet, das zwar orthodox mit irgendeiner Lehre übereinstimmt oder sogar in letzter Linie fundamental richtig ist. Er erreicht aber nicht das freiwillige Einverständnis des Patienten und ist deshalb praktisch unrichtig; unrichtig auch deshalb, weil es die Entwicklung des Patienten antizipiert und dadurch lähmt. Der Patient muß nämlich nicht von einer Wahrheit belehrt werden, sondern er muß sich vielmehr zu dieser Wahrheit entwickeln und so erreicht man sein Herz, was tiefer ergreift und stärker wirkt" (Jung 1976, G.W., Bd. 16, S. 155 f).

Die einseitige Deutung kann aber eventuell den Träumer überzeugen oder einen gewissen Heilerfolg bringen. Dies beruht jedoch wesentlich auf Suggestion, worüber man sich keiner Täuschung hingeben sollte. Jung schlägt deshalb eine Grundregel vor: "Wer bewußte Suggestion vermeiden will, muß also eine Traumdeutung so lange als ungültig ansehen, bis jene Formel gefunden ist, die das Einverständnis des Patienten erreicht ... Die Beachtung dieser Grundregel erscheint mir als unerläßlich bei der Behandlung jener Träume, deren Undurchsichtigkeit das Nichtverstehen des Arztes sowohl wie des Patienten ankündigt. Solche Träume sollte der Arzt immer als Novum betrachten, als eine Information über Bedingungen unbekannter Natur, über die er sowohl zu lernen hat wie der Patient. Es sollte dabei ganz selbstverständlich sein, daß er jeweils auf jede theoretische Voraussetzung verzichtet und gewillt ist, in jedem einzelnen Falle eine ganz neue Traumtheorie zu entdecken" (ebd., S. 156 f).

Wie kann man dann an die ‹großen› Träume herangehen? Wie kann man die ‹großen› Träume deuten? Man kann fürs erste an die ‹großen› Träume nicht mit Hilfe des Aufnehmens des Kontextes durch die persönlichen Einfälle jedes Traumbildes, und des Erfassens des kompensatorischen Verhältnisses durch die Kenntnisse der Bewußtseinslage des Träumers herangehen, denn sie drücken sich in fremdartigen, mythologischen Formen aus, die nur durch kollektive Assoziationen zugänglich sind. An zweiter Stelle wird den ‹großen› Träumen nur die subjektstufige Deutung gerecht, weil sie keine Beziehung zum Wachleben aufweisen. Hier stellt sich zunächst die Frage, in welchem Verhältnis die subjektstufige Deutung der ‹großen› Träume mit den Deutungen auf der Objekt- und Subjektstufe der ‹kleinen› Träume steht. Ist die Bedeutung des Subjektes der subjektstufigen Deutung in den ‹kleinen› und ‹großen› Träumen gleich?

Unter ‹Subjekt› versteht Jung eine Doppelbedeutung: Es weist einerseits auf das Ichbewußtsein und anderseits auf das Unbewußte bzw. das Selbst hin, wobei das letztere als ‹eigentlich› bezeichnet wird. Das eigentliche Subjekt als psychische Ganzheit macht die anderen nicht zum Objekt, sondern wird mit ihnen Eins. Das Subjekt als Ichbewußtsein unterscheidet dagegen nach seinem Wesen das Subjekt und das Objekt, d.h., es macht die anderen immer zum Objekt, wodurch die Subjekt-Objekt-Spaltung entsteht. Das Subjekt der subjektstufigen Deutung in den ‹kleinen› Träumen entspricht dem Subjekt als dem Ichbewußtsein, weil die subjektstufige Deutung in denselben die persönlichen unbewußten Inhalte, die eigentlich zum Ichbewußtsein gehören, behandelt, und je nach dem Gewicht der subjektiven und objektiven Bedeutungen des Traumbildes mit der objektstufigen Deutung zusammen gemacht werden muß. Dasjenige in den ‹großen› Träumen entspricht hingegen dem eigentlichen Subjekt, denn die subjektstufige Deutung in denselben behandelt die kollektiven unbewußten Inhalte bzw. das Selbst und geht von Anfang an von der Einheit aus.

Das eigentliche Subjekt ist im Zustand der völligen Identität, derweil sich das Subjekt als Ichbewußtsein im Zustand der Projektion befindet. Die Projektion ist ein Zwischenzustand einer völlig unbewußten und einer völlig bewußten Identität, d.h., die Projektion ist eine partielle Identität, in der sich das Subjekt und das Objekt gegenüberstehen. Die subjekt- und objektstufigen Deutungen in den ‹kleinen› Träumen setzen also die Projektion und die subjektstufige Deutung in den ‹großen› Träumen dagegen die Identität voraus. Dementsprechend sind die subjekt- und objektstufigen Deutungen in den ‹kleinen› Träumen analog zu einer Projektionsdeutung; die subjektstufige Deutung in den ‹großen› Träumen ist analog zu einer Identitätsdeutung. Solange aber die ersteren darauf hinzielen, die Identität bzw. die ganzheitliche Bedeutung des Traumbildes zu vollziehen, gründen sie sich auf die Identitätsdeutung, d.h., sie vollziehen sich eigentlich in dieser. In diesem Sinne hat von Uslar das ontologische Verständnis der Traumdeutung auf der Objekt- und Subjektstufe in der analytischen Psychologie im Zusammenhang mit dem Denken der absoluten Identität Schellings verdeutlicht (vgl. von Uslar 1964, S. 47 ff).

Wie kann man denn die Identität, d.h., die ganzheitliche Bedeutung eines archetypischen Traumbildes in den ‹großen› Träumen deuten? Durch das kollektive Amplifizieren, das auf Assoziationen der Materialien des kollektiven Unbewußten, wie zum Beispiel Mythologie und Märchen, beruht. Wie wird es angewendet? Bei der subjektstufigen Deutung der ‹kleinen› Träume können die aus dem persönlichen Unbewußten projizierten Inhalte als persönliches Eigentum ein Gegenstand unmittelbarer Bewußtheit sein. Es gilt aber nicht für die ‹großen› Träume. Die archetypischen Bilder in diesen gehören nicht zum persönlichen Eigentum des Träumers und können demzufolge kein Gegenstand unmittelbarer Bewußtheit sein. Wenn man diese Bilder als ein persönliches Eigentum und einen Gegenstand unmittelbarer Bewußtheit behandeln würde, dann würde es den Träumer zu einer Inflation führen, wie Jung sagt: Man solle ja niemals dies dem Träumer mitteilen, er bekäme davon nur eine Inflation. Die archetypischen Inhalte können nur durch das symbolische Verstehen bewußt integriert werden. Die kollektive Amplifikation soll daher nur dazu dienen, ein symbolisches Verstehen hervorzubringen, so wie auf die Bedeutung der kollektiven Amplifikation in ‹Die symbolische Verstehensmethode› hingewiesen worden ist: "Die Bedeutung der Amplifikation besteht darin, die transzendente Funktion hervorzurufen und dadurch das Selbst zu erfahren. Das Amplifizieren ist ein echtes Gespräch mit dem Symbolbild, d.h., eine symbolische Begegnung mit demselben, wo seine Vielfalt auftritt und auf diese Weise ein Verständnis für seine Sinnbedeutung ermöglicht wird." Es ist demnach ausgesprochen wichtig, das Symbolbild so zu behandeln, wie wenn es nicht feststehend wäre. Wenn es durch die intellektuelle Amplifikation festgelegt würde, dann würde es zur toten und unfruchtbaren Allegorie, wodurch die lebendige Seele des Träumers ebenfalls tot und unfruchtbar würde.

Wie kann man feststellen, daß das symbolische Verstehen sich ereignet hat? Durch ein Gefühl der Evidenz des Träumers. Da das Evidenzgefühl durch die Erfahrung des Selbst erfolgt, kann es als ‹absolut subjektiv› bezeichnet werden. Dieses Evidenzgefühl scheint also anders zu sein als das Gefühl des Einverständnisses, das durch die Deutung der persönlichen unbewußten Inhalte und damit ihre Bewußtwerdung hervorgerufen werden kann.

Somit zeigt sich das Verstehen in der Traumdeutung wesentlich als symbolisches Verstehen mit Evidenzgefühl mittels der Identitätsdeutung.

5.2 Die Übertragung

Das Wort ‹Übertragung› ist im Rahmen der modernen Psychotherapie erstmals von Freud geprägt worden, und er versteht darunter:

> "Was sind Übertragungen? Es sind Neuauflagen, Nachbildungen von den Regungen und Phantasien, die während des Vordringens der Analyse erweckt und bewußt gemacht werden sollen, mit einer für die Gattung charakteristischen Ersetzung einer früheren Person durch die Person des Arztes. Um es anders zu sagen: Eine ganze Reihe früherer psychischer Erlebnisse wird nicht als vergangen, sondern als aktuelle Beziehung zur Person des Arztes wieder lebendig. Es gibt solche Übertragungen, die sich im Inhalt von ihrem Vorbilde in gar nichts bis auf die Ersetzung unterscheiden. Das sind also, um in dem Gleichnis zu bleiben, einfache Neudrucke, unveränderte Neuauflagen. Andere sind kunstvoller gemacht, sie haben eine Milderung ihres Inhaltes, eine Sublimierung ... Das sind Neubearbeitungen, nicht mehr Neudrucke" (Freud 1981, G.W., Bd. 5, S. 279 f).

Übertragungen sind also gemäß Freud auf die Person des Therapeuten gerichtete Vorstellungen, Gefühle, Wünsche, die in der frühkindlichen Zeit verdrängt worden sind und eine Wiederholung in der Gegenwart darstellen.

Jung macht aber vorerst keine grundsätzliche Unterscheidung zwischen dem Phänomen der Übertragung und jenem der Projektion. Er versteht nämlich die Übertragung als eine spezifische Form des üblichen Vorganges der Projektion, d.h., als einen Vorgang, der sich zwischen zwei Menschen, und nicht zwischen einem menschlichen Subjekt und einem physischen Objekt, abspielt. "Streng genommen ist Übertragung eine Projektion unbewußter Inhalte auf den, der das Unbewußte analysiert" (Jung 1977, G.W., Bd. 17, S. 176). Bei Jung betreffen die unbewußten Inhalte aber gemäß seinem Begriff der Psyche nicht nur das persönliche Unbewußte, sondern auch das kollektive. Daher betrachtet Jung bei den Übertragungsphänomenen nicht nur einen persönlichen, sondern einen überpersönlichen Aspekt, d.h., die personale und die transpersonale, archetypische Übertragung. Weil aber die transpersonale, archetypische Übertragung, die dem kollektiven Unbewußten entstammt, immer einen zielgerichteten Aspekt der Individuation hat, erachtet Jung die Übertragung als ein wichtiges Phänomen des Individuationsprozesses: "Das Übertragungsproblem ist unzweifelhaft eines der wichtigsten und inhaltreichsten Syndrome des Individuationsprozesses und bedeutet mehr als bloß persönliche Zu- und Abneigung" (Jung 1976, G.W., Bd. 16, S. 345). Diese Bedeutung des Individuationsprozesses der Übertragung zeigt Jung in seiner einzigen Schrift über die Übertragung ‹Die Psychologie der Übertragung› anhand der alchemistischen Bilderserie des Rosarium Philosophorum auf, indem er den Hierogamos, die mystische Hochzeit und die coniunctio als den zentralen Bedeutungsmittelpunkt von Übertragung im therapeutischen Prozeß darstellt (Vgl. ebd., S. 215 ff).

Anschließend wird also diese wesentliche Bedeutung der Übertragung verdeutlicht, und mit ihrer Verwirklichungsmöglichkeit in bezug auf das Verstehen verknüpft.

5.2.1 Die Übertragung als Darstellung der Ganzwerdung

Um der Bedeutung der Übertragung in der analytischen Psychologie näherkommen zu können, hat man zuerst von der finalen Betrachtungsweise Jungs auszugehen. Nach dieser besteht die Bedeutung der Übertragung im Kompensieren – im Versuch, eine emotionale Harmonie zwischen dem Patienten und dem Therapeuten herzustellen. Jung schreibt: "Sehr oft resultiert sie (Übertragung) aus der Schwierigkeit, einen Kontakt, eine emotionale Harmonie zwischen Arzt und Patient herzustellen, d.h., das, was die französischen Psychologen zur Zeit der Hypnose- und Suggestionstherapie ‹le rapport› nannten ... Wenn der Rapport zwischen Analytiker und Patient wegen Persönlichkeitsunterschieden schwierig herzustellen ist, oder falls andere psychologische Divergenzen die therapeutische Wirkung behindern, dann versucht das Unbewußte des Patienten, den Mangel an Kontakt kompensatorisch zu überbrücken. Da kein gemeinsamer Boden vorhanden ist, keine Möglichkeit, irgendeine Art von Beziehung herzustellen, versucht ein leidenschaftliches Gefühl oder eine erotische Phantasie in die Brücke zu springen ... Aus Angst, völlig verloren zu gehen, bemüht sich ihre Natur aufs heftigste, sich emotional an den Analytiker zu binden" (Jung 1981, G.W., Bd. 18/1, S. 160 f). Jung erwähnt demnach empfehlenderweise: "Wenn man wirklich versucht, den Patienten auf der gleichen Ebene zu begegnen, nicht zu hoch und nicht zu tief, wenn man die richtige Einstellung hat und die Werte richtig setzt, dann hat man mit der Übertragung viel weniger Mühe. Man wird nicht ganz um sie herumkommen, aber man wird bestimmt nicht mit jenen schlechten Übertragungsformen konfrontiert, die nur Überkompensationen für einen fehlenden Rapport sind" (ebd., S. 163).

In diesem Zusammenhang weist Jung auf die Wichtigkeit hin, die psychologischen Typen des Patienten zu kennen, d.h., der Therapeut muß dem Patienten immer in seiner Hauptfunktion antworten, da andernfalls kein Kontakt hergestellt werden kann, und er führt als Beispiel an:

"Ich erinnere mich gut an den Fall einer älteren Frau ... Sie kam in einem Zustand äußerster Verwirrung nach Zürich. Sie war zunächst so durcheinander, daß ich sie für halb verrückt hielt, bis ich entdeckte, daß sie in einer Analyse gewesen war ... Ich bemerkte: Nun Ihr Analytiker hatte offenbar keine Emotionen, und er war, wenn ich so sagen darf, ein Narr. In diesem Moment hellte sich alles in ihr auf, von da an war sie völlig verändert. Sie sagte: Gott sei Dank! weiß ich, woran ich bin ... Meine emotionale Reaktion hatte ihr eine Orientierung gegeben. Sie war kein Denktyp; sie war ein Fühltyp und brauchte daher eine solche Art der Orientierung. Ihr Analytiker hingegen war ein Mensch, der rein aus seinem Intellekt heraus dachte ... Wenn ein Fühltyp behandelt und nur intellektuelles Zeug von ihm gesprochen wird, ist das genau so, wie wenn man als einziger Intellektueller zu einer Gesellschaft von Fühltypen spräche. Man wäre vollständig verloren; man käme sich vor wie am Nordpol, denn man würde nicht verstanden" (ebd., S. 156 f).

Dies will heißen: Je angemessener und angepaßter therapeutische Reaktionen des Therapeuten, desto weniger Übertragung.

Jung betrachtet die Übertragung im psychotherapeutischen Prozeß besonders wegen des emotionalen und zwingenden Charakters ihres archetypischen Aspektes als hinderlich: "Emotionen sind an sich schon immer von überwältigenden Auswirkungen für das Subjekt, da sie unwillkürliche Vorgänge sind, welche die Absichten des Ich überrennen. Außerdem hängen sie sich ans Subjekt, und dieses kann sich nicht von sich aus davon befreien. Gleichzeitig aber wird dieser unwillkürliche Vorgang vom Subjekt in das Objekt projiziert, und dadurch bildet sich ein unauflösliches Band, das auf das Subjekt einen zwingenden Einfluß ausübt" (ebd., S. 155). Er sagt deshalb: "Man heilt trotz der Übertragung, nicht wegen ihr" (ebd., S. 167). Und ist der Ansicht, daß, je weniger, desto besser: "Ich persönlich bin jedesmal froh, wenn die Übertragung milde verläuft oder praktisch sich nicht bemerkbar macht" (Jung 1976, G.W., Bd. 16, S. 184). Damit will Jung aber nicht sagen, daß die Bedeutung der Übertragung unwichtig sei: "Die Intensität der Übertragungsbeziehung entspricht jeweils der Bedeutung über Inhalte für das Subjekt. Im Fall einer außergewöhnlich intensiven Übertragung kann man sicher sein, daß die Inhalte der Übertragung, wenn sie einmal herausgefunden und bewußt gemacht worden sind, für den Patienten genauso wichtig sein werden, wie es die Übertragung war" (Jung 1981, G.W., Bd. 18/I, S. 159).

Wenn eine therapeutisch hinderliche Übertragung aus der Schwierigkeit, eine emotionale Harmonie zwischen dem Patienten und dem Therapeuten herzustellen, resultiert, dann muß nicht nur das Problem des Patienten, sondern auch jenes des Therapeuten berücksichtigt werden. Das kompensatorische Phänomen der Übertragung kann also umgekehrt auf die Gegenübertragung angewendet werden, wie zum Beispiel Jung vorzeigt:

"Ein Analytiker habe eine Frau zu behandeln, die ihn nicht sonderlich interessiert; da entdeckt er aber plötzlich, daß er eine sexuelle Phantasie über sie hat. Nun wünsche ich zwar dem Analytiker nicht etwa, solch eine Phantasie zu haben, aber wenn er sie hat, sei er sich ihrer möglichst bewußt, denn sie bedeutet die wichtige Mitteilung seines Unbewußten, daß sein menschlicher Kontakt mit der Patientin nicht gut ist und eine Störung des Rapports vorliegt. Das Unbewußte des Analytikers zwingt ihm anstelle des fehlenden natürlichen menschlichen Kontaktes eine Phantasie auf, um die innere Entfernung zu überbrücken. Diese Phantasien können visuell sein oder in Form eines Gefühls oder einer Empfindung auftreten – einer sexuellen Empfindung zum Beispiel. Sie sind ohne Ausnahme ein Zeichen dafür, daß die Haltung des Analytikers dem Patienten gegenüber falsch ist" (ebd., S. 161)"

Somit sehen wir zunächst, daß die Bedeutung der Übertragung von der finalen Betrachtungsweise her darin besteht, eine emotional harmonische Beziehung zwischen dem Patienten und dem Therapeuten herzustellen, wobei die Gegenübertragung gleichzeitig einbezogen und in gleicher Weise wie die Übertragung zu betrachten ist. Die Frage stellt sich nun, was bedeutet eigentlich eine emotional harmonische Beziehung zwischen dem Patienten und dem Therapeuten? Wie zeigt sich wesentlich eine solche Beziehung? Wir können an diese Frage anhand des Schemas des Heiratsquaternios herangehen, das Jung in‹ Die Psychologie der Übertragung› skizziert hat (Vgl. Jung 1976, G.W., Bd. 16, S. 234 f).

Nach dem Schema des Heiratsquaternios gehen Patient und Therapeut vorerst eine unkomplizierte, persönliche Verbindung, nämlich eine bewußte Arbeitsbeziehung, ein. Mit der Zeit entwickeln sich bei beiden Reaktionen, die vom persönlichen Unbewußten stammen. Auf der Seite des Patienten tauchen gewisse Gefühle für seinen Therapeuten auf. Er kann sich zum Beispiel bei ihm geborgen und erleichtert fühlen oder sich in ihn verlieben. Im Gegensatz dazu kann er dem Therapeuten gegenüber ängstlich sein oder ihn unsympathisch finden. Gleicherweise werden im Therapeuten gewisse Gefühlsreaktionen ausgelöst. So kann er beispielsweise einen Patienten als nett, langweilig, arrogant usw. empfinden. Wenn also all diese Regungen als gegenseitige Projektionen angenommen werden, sind sie Zeichen der Übertragung und Gegenübertragung auf der Ebene des persönlichen Bewußtseins und des persönlichen Unbewußten, und es können sich Reaktionen vom kollektiven Unbewußten her ergeben. Der Patient kann zum Beispiel den Therapeuten als einen Heiligen oder einen Magier empfinden, und demgegenüber der Therapeut sich als ein Heiler archetypischer Art fühlen. Hier handelt es sich um die Übertragung und Gegenübertragung auf der Linie des persönlichen Bewußtseins und des kollektiven Unbewußten. Was aber in der gegenseitigen Beziehung des Patienten und des Therapeuten wesentlich ist, ist jene auf der Stufe des kollektiven Unbewußten. Das kollektive Unbewußte weist hier aber nicht auf die vom Ichbewußtsein empfundene Unbewußtheit hin, sondern auf die absolute Bewußtheit, die in ‹Das Unbewußte als die Quelle des absoluten Wissens› behandelt wurde. "Auf dieser Stufe geht es um das Erlebnis des Selbst, der Ganzheit, welche nur durch Liebe verstanden werden kann" (von Franz 1980, S. 222). "Diese Liebe ist nicht Übertragung und ist keine Freundschaft im üblichen Sinne, noch Sympathie. Sie ist primitiver, ursprünglicher und spiritueller als irgendetwas, das wir zu beschreiben im Stande sind" (Jung 1972, Briefe Band 1, S. 373). Unter dieser Liebe soll nichts anderes als ein ganzheitliches Verstehen in einer Identitätsbeziehung gesehen werden.

In diesem Bereich stehen sie sich nicht mehr gegenüber: "Sie oder Ich, es bedeutet die vielen, zu denen Sie selbst gehören, und jeder gehört dazu, dessen Herz Sie berühren" (ebd.). "In der alchemistischen Symbolik ist dies durch das Bild der sogenannten Multiplicatio dargestellt: Wenn der philosophische Stein hergestellt ist, vermehrt er sich gleichsam von selber tausendfältig, indem er alle umliegenden Steine und Metalle in Gold wandelt. Wenn dieses Geschehen im Hintergrund einer menschlichen Beziehung aufleuchtet, wenn der Gott und die Göttin gegenwärtig sind, dann entsteht ein Gefühl der Ewigkeit" (von Franz 1980, S. 228). Dies weist auf eine absolute Identität auf absolut bewußter Stufe oder auf ein Ereignis, das in diesem Augenblick das Sein des Patienten und des Therapeuten ausmacht, hin. Dort herrscht "keine Unterschiedenheit, sondern unmittelbare Präsenz. Es ist ein ewiges Geheimnis" (Jung 1972, Briefe Bd. 1, S. 373), das Jung schließlich als mysterium coniunctionis bezeichnet hat, worin die Bedeutung einer emotional harmonischen Beziehung zwischen dem Patienten und dem Therapeuten eigentlich besteht.

Somit kann man in der analytischen Psychologie sehen, daß hinter der tiefen Leidenschaft der Übertragung wesentlich ein Drang zur Verwirklichung der Ganzwerdung, nicht nur mit sich selbst, sondern mit der Welt überhaupt, verborgen ist.

5.2.2 Die Übertragungsdeutung als dialektische Auseinandersetzung zwischen dem Patienten und dem Therapeuten

Da die Übertragung in der analytischen Psychologie als ein Projektionsphänomen betrachtet wird, versteht man sie prinzipiell in der gleichen Weise wie die anderen Projektionsphänomene, wie zum Beispiel die Träume. Weil aber die Übertragung eine unmittelbare Beziehung des Patienten zum Therapeuten darstellt, wird dieser Beziehungsaspekt besonders beim Verstehen in Betracht gezogen.

Zu Beginn einer Analyse sind Übertragungsprojektionen unvermeidlich Wiederholungen früherer persönlicher Erfahrungen des Patienten. In dieser Phase hat man aber alle Beziehungen, nämlich nicht nur die frühkindlichen zu den Eltern oder anderen signifikanten Personen, sondern auch alle jene zu Menschen, mit denen er zu tun hatte, durchzugehen, da all dies einen Bezug zum aktuellen Konflikt, der beim analytischen Gespräch in der personalen Übertragung liegt, haben kann. All diese Beziehungen können durch die Lebensgeschichte des Patienten beleuchtet werden. Es ist für den Therapeuten wichtig zu erkennen, welche projizierte Figur des Patienten er jeweils inkarniert. Dies stellt das Hauptproblem der Interpretation der personalen Übertragung dar, denn, falls ihm das nicht gelingt, wird alles, was er sagt, vom Patienten gemäß dessen Projektion umgedeutet und Mißverständnisse werden unausweichlich. Wenn ihm das aber gelingt und das Projizierte richtig ausgelegt wird, dann kann es der Patient durch die Erkenntnis seiner subjektiven Zugehörigkeit dem Bewußtsein integrieren.

Wenn wir nun annehmen, daß die Projektionen persönlicher unbewußter Inhalte durchgearbeitet und genügend behandelt worden sind, daß aber eine Übertragung trotzdem bestehen bleibt, die sich einfach nicht auflösen läßt, dann ergibt sich das Problem des archetypischen Aspektes der Übertragung. Was die Auflösung der archetypischen Übertragung betrifft, so mißt Jung den Religionen zunächst Bedeutung bei. Für ihn sind Religionen psychotherapeutische Systeme, und er schreibt: "Die Religionen befassen sich mit dem Problem, das Leiden des menschlichen Geistes, der menschlichen Seele, zu heilen. Deshalb ist Gott selbst ein Heiler; er ist Arzt, er heilt die Kranken, und er befaßt sich mit den Störungen der Seele; und das ist genau, was wir Psychotherapie nennen" (Jung 1981, G.W., Bd. 18/I, S. 178). Jung betrachtet Religionen im Zusammenhang mit der Auflösung der archetypischen Übertragung als adäquate Behälter der archetypischen Bilder. Dies heißt, die archetypischen Bilder des Patienten können in Religionen untergebracht werden, indem jene Bedeutung von ihm voll anerkannt wird, wie Jung sagt: "Es mag sein, daß als Folge dieser Anerkennung der Patient einer Kirche beitritt oder einem religiösen Glauben oder sonst etwas ähnlichem" (ebd., S. 181). Dies aber hat wenig mit der Individuation zu tun, weil es sich dabei um eine Verschiebung der Projektion vom Therapeuten zu den Religionen handelt. Überdies können nicht alle Patienten ihre Erfahrung des kollektiven Unbewußten in einer gegebenen religiösen Form unterbringen.

Daher hat Jung eine Behandlungsmethode entwickelt, die er ‹die Objektivierung unpersönlicher Bilder› nannte, um die projizierten unpersönlichen Werte dem Betreffenden wieder zurückzugeben: "Ihr Ziel ist, das Bewußtsein vom Objekt zu lösen, so daß der Mensch die Garantie seines Glückes oder gar seines Lebens nicht mehr in Faktoren außerhalb seiner selbst sucht, seien diese Personen, Ideen oder Umstände, sondern erkennt, daß alles darauf ankommt, ob er den Schatz besitzt oder nicht. Ist der Besitz des Goldes erreicht, dann liegt das Zentrum der Schwerkraft im Menschen und nicht mehr in einem Objekt, von dem er abhängig ist" (ebd., S. 182). Jung veranschaulicht dies zum Beispiel bei einer Patientin, die in ihm den Vater-Geliebten erlebte und deren intensive Übertragungsbindung nicht auflösbar schien. Die Übertragungsbindung dieser Patientin begann sich aber zu lockern, als nach dem finalen Sinn dieser Übertragung gefragt wurde, und sie im Laufe eines langen Bewußtwerdungsprozesses gewahr wurde, daß sie eigentlich auf der Suche nach dem Gottesbild in ihrer eigenen Seele war (Vgl. Jung 1974, G.W., Bd. 7, S. 144 ff).

Für den Bewußtwerdungsprozeß verwendet man zum Beispiel Träume und Malereien des Patienten, und setzt sich mit ihm über die in ihnen auftretenden kollektiven unbewußten Inhalte auseinander. Da aber die Behandlung der archetypischen Übertragung eigentlich darin besteht, eine Beziehung des Patienten zum Therapeuten auf der Stufe des kollektiven Unbewußten zu erreichen, so soll eine solche dialektische Auseinandersetzung diesem Zwecke dienen. Zu fragen ist dann, wie diese Auseinandersetzung zwischen dem Patienten und dem Therapeuten zu einer solchen Beziehung führen kann. Der Therapeut muß sich zuerst der archetypischen Übertragung aussetzen und von dieser affiziert sein, indem er sich zum Beispiel mit den Träumen des Patienten auseinandersetzt. Die Bedeutung der Auseinandersetzung liegt also zunächst im Affiziertsein des Therapeuten. Beim Affiziertsein besteht die Gefahr, daß sich der Therapeut mit den projizierten archetypischen Inhalten des Patienten identifiziert, und dann beide in das gleiche dunkle Loch der Unbewußtheit fallen und in den Zustand der Partizipation gelangen. Das Affiziertsein besagt aber, daß der Therapeut am Patienten beteiligt ist. Demnach sagt Jung: "Der Therapeut kann sich nur bewußt machen, daß er affiziert ist. Wenn er das nicht sieht, ist er zu unbeteiligt und redet an der Sache vorbei. Er ist sogar verpflichtet, die Emotionen des Patienten anzunehmen und sie widerzuspiegeln" (Jung 1981, G.W., Bd. 18/1, S. 156). Was meint Jung aber eigentlich mit Affiziertsein oder Beteiligtsein des Therapeuten? Die Bedeutung des Affiziertseins besteht darin, beim Therapeuten eine Wirkung zu erzeugen, wobei er sich transzendiert und von seinem Selbst her funktioniert. In diesem Fall darf man wirklich sagen, daß der Therapeut am Ganzsein des Patienten beteiligt ist. Dadurch können eine transzendente Funktion beim Patienten hervorgerufen, und eine Beziehung von ihm zum Therapeuten auf der Linie des kollektiven Unbewußten, d.h., auf der Stufe der absoluten Bewußtheit geschaffen werden.

Die Bedeutung der dialektischen Auseinandersetzung zwischen dem Patienten und dem Therapeuten in der archetypischen Übertragung liegt somit darin, daß der Therapeut dem Patienten die transzendente Funktion vermittelt, indem er zuerst vom Patienten affiziert und transzendiert wird. Da aber das Affiziertsein für den Therapeuten eine schwerwiegende Beanspruchung ist, taucht stets die zentrale Frage nach der Persönlichkeit des Therapeuten auf. Dieses Thema wird zum Schluß unter ‹Die Bedeutung des Verstehens in der Jungschen Psychotherapie› weiter behandelt.

6 Die Bedeutung des Verstehens in der Jungschen Psychotherapie

Die Jungsche Psychotherapie richtet sich nach dem Individuationsprozeß, d.h., sie ist dazu bestimmt, einen Individuationsprozeß – je nach der Lebenshälfte – zu fördern. Die Individuation in der ersten Lebenshälfte besteht vorwiegend in der Ichverstärkung für die Anpassung an die äußere Realität (Normalisierung), derweil diejenige in der zweiten Lebenshälfte nach der Verwirklichung des eigenen, einmaligen Individuums strebt (Selbstverwirklichung). Auf Grund dieser verschiedenen Zielsetzungen unterscheidet Jung in der Psychotherapie zwischen einer Suggestivtherapie und dem von ihm entwickelten dialektischen Verfahren. Damit meint er allerdings nicht, daß die Menschen in der ersten Lebenshälfte nur mit der Suggestivtherapie und jene in der zweiten Lebenshälfte ausschließlich mit dem dialektischen Verfahren behandelt werden sollen. Es hängt immer vom Patienten ab, welche Form der Psychotherapie anwendbar ist. Es gibt zum Beispiel den in der zweiten Lebenshälfte stehenden kollektiven Menschen, welcher aber eine Suggestivtherapie benötigt: "Dieser Mensch hat primitive Eigenschaften, daher muß er auch mit den technischen Methoden behandelt werden. Es ist sogar ein Kunstfehler, den kollektiven Menschen, anders als ‹technisch richtig›, d.h., mit kollektiv als wirksam erkannten und geglaubten Methoden zu behandeln" (Jung 1976, G.W., Bd. 16, S. 5).

"Das dialektische Verfahren ist ein Zwiegespräch oder eine Auseinandersetzung zwischen zwei Personen" (ebd., S. 1), wo der Therapeut ebensosehr wie der Patient Bestandteil des seelischen Vorganges der Behandlung und darum ebensosehr den verwandelnden Einflüssen ausgesetzt ist. Da das dialektische Verfahren die Selbstverwirklichung betrifft, die je nach dem individuellen Menschen verschieden ist, weiß man in ihm vorher nicht, welchen Weg der Patient einschlagen wird. Der Therapeut muß deshalb auf alle Voraussetzungen, alles Besserwissen, auf alle Autorität und alles Einwirkenwollen verzichten. Er soll nur die ‹Natur› als Führerin walten lassen und dieser folgen. Er ist nämlich nicht mehr das handelnde Subjekt, sondern ein Miterlebender eines individuellen Entwicklungsprozesses (Vgl. ebd., S. 6). Das dialektische Verfahren besteht nämlich in einer Vergleichung der wechselseitigen Befunde. Dies wird aber erst möglich dadurch, daß ich dem andern Gelegenheit gebe, sein Material möglichst vollständig darzustellen, ohne ihn durch meine Voraussetzungen zu beengen. Durch Darstellung wird sein System auf das meinige bezogen, wodurch eine Wirkung in meinem eigenen System erzeugt wird. Diese Wirkung ist das Einzige, was ich in individueller Hinsicht und legitimerweise meinem Patienten gegenüberstellen kann" (ebd., S. 4). Jedes Abweichen von dieser Haltung des dialektischen Verfahrens bedeutet gemäß Jung die Suggestivtherapie, "deren Grundsatz lautet: Das Individuelle bedeutet nichts gegenüber dem Allgemeinen. Zur Suggestivtherapie gehören also alle jene Methoden, die ein Wissen über oder ein Deuten von anderen Individualitäten behaupten und anwenden. Ebenso gehören alle im eigentlichen Sinn technischen Methoden zur Suggestivtherapie, indem solche stets die Gleichartigkeit der individuellen Objekte voraussetzen" (ebd.). Es handelt sich also bei dieser Unterscheidung um die Methode oder Technik in der Suggestivtherapie und die Persönlichkeit des Therapeuten im dialektischen Verfahren, so wie Jung in diesem Zusammenhang sagt: "Jeder Psychotherapeut hat nicht nur seine Methode; er selber ist sie" (ebd., S. 94). Die Frage stellt sich nun, was sollen die Suggestivtherapie und das dialektische Verfahren in bezug auf das Verstehen bedeuten?

Zunächst gehen wir auf die Bedeutung des Verstehens in der Suggestivtherapie bei Jung ein. Solange die Suggestivtherapie von der Methode oder Technik ausgeht, die sich auf psychologische Theorien gründet, kann die Bedeutung des Verstehens in der Suggestivtherapie von derjenigen der Theorie her betrachtet werden. Jede Theorie, die einen Aspekt des Menschen erklärt, bezieht sich auf einen Gesichtspunkt des Theoriebilders, auf den seine subjektiven und weltanschaulichen Prämissen unvermeidlich einen gewissen Einfluß ausüben. Daher können und müssen verschiedene Theorien zur Klärung der verschiedenen Aspekte des Menschen entstehen, damit man sich seinem Gesamtbild nähern kann. Die Bedeutung der Theorie liegt also gerade in ihrer Verschiedenheit, wie sich Jung in bezug auf die Theorien der medizinischen Psychologie äußert: "Wer der modernen medizinischen Psychologie den Vorwurf macht, sie könne sich nicht einmal über ihre eigenen Theorien einig werden, der vergißt völlig, daß noch nie eine Wissenschaft lebendig geblieben ist, ohne divergente theoretische Gesichtspunkte. Solche Unstimmigkeiten bilden, wie immer, den Ausgangspunkt für neue Fragestellungen ... Von hier aus ergeben sich viele Möglichkeiten weiterer Nachforschung" (ebd., S. 126 f). In diesem Zusammenhang führt Jung weiter aus: "Je tiefer die Einsicht in das Wesen des Psychischen eindringt, desto mehr wächst die Überzeugung, daß bei der Vielschichtigkeit und Mannigfaltigkeit des menschlichen Wesens es der verschiedensten Standpunkte und Methoden bedarf, um der Verschiedenheit psychischer Dispositionen zu genügen" (ebd., S. 8), wie er beispielsweise erwähnt: "Es wäre ein unverzeihlicher Irrtum, die Wahrheit der Auffassungen der Freudschen sowohl wie der Adlerschen, zu übersehen, aber ebenso unverzeihlich wäre es, die eine derselben für die alleinige Wahrheit zu halten" (ebd., S. 39). Jung meint damit, daß es für den Psychotherapeuten erforderlich sei, die verschiedenen Theorien in Betracht zu ziehen, um das Gesamtbild des Patienten sehen zu können. In diesem Fall kann jede Theorie richtig, d.h., auf die ganze Person des Patienten bezogen, angewendet werden, obwohl sie an sich nur einen Aspekt des Menschen betrifft. Mit anderen Worten, eine an sich teilbezogene Theorie erhält durch ihre richtige Anwendung einen ganzheitlichen, lebendigen Charakter. Die Theorie verhält sich zur Praxis wie die Wissenschaft zur Philosophie. So wie die Wissenschaft der Philosophie untergeordnet ist, so muß die Theorie der Praxis untergeordnet sein. Dadurch werden Theorie und Praxis übereinstimmend, worin die Bedeutung des Verstehens in der Suggestivtherapie eigentlich besteht.

Zur Bedeutung des Verstehens im dialektischen Verfahren können wir sie hingegen im Zusammenhang mit der Persönlichkeit des Therapeuten betrachten, weil diese das einzige Medium des dialektischen Verfahrens ist. Der Therapeut bemüht sich im dialektischen Verfahren, eine richtige Beziehung zwischen dem Bewußtsein und dem Unbewußten des Patienten herzustellen. Solch eine Beziehung kann nur durch das Hervorbringen der Wirkung aus dem Unbewußten des Patienten ermöglicht werden. Daher werden die Ziele der Psychotherapie bzw. des dialektischen Verfahrens von Jung folgendermaßen definiert: "Die Wirkung, auf die ich hinziele, ist die Hervorbringung eines seelischen Zustandes, in welchem mein Patient anfängt, mit seinem Wesen zu experimentieren" (ebd., S. 49). Der Therapeut verwendet zum Beispiel die Träume und die Malereien für diese Ziele. Er sucht zusammen mit seinem Patienten in dessen Traum das Wirksame, indem er nicht nur dem Patienten und sich selbst Gelegenheit gibt, sich etwas zu diesem Traum einfallen zu lassen, wobei primitive Psychologie, Mythologie, Archäologie usw. Hilfsmittel sind, um die Einfälle seines Patienten zu bereichern und die Wirkungsmöglichkeit beträchtlich zu erhöhen. Auch beim Malen versucht der Therapeut, eine lebendige Wirkung beim Patienten hervorzurufen: "Was er malt, sind wirkende Phantasien, es ist das, was in ihm wirkt. Und was in ihm wirkt, das ist er selbst, aber nicht mehr im Sinne des früheren Mißverständnisses, wo er sein persönliches Ich für sein Selbst hielt, sondern in einem neuen, ihm bisher fremden Sinne, wo sein Ich als Objekt des in ihm Wirkenden erscheint. In zahllosen Bildern müht er sich, das in ihm Wirkende erschöpfend darzustellen, um schließlich zu entdecken, daß es das ewig Unbekannte und Fremde ist, das die tiefste Grundlage unserer Seele ist" (ebd., S. 52). Überdies dient die Methode des symbolischen Verstehens, zum Beispiel die aktive Imagination und die synthetische oder konstruktive Methode, die sich aber nicht auf irgendeine Theorie gründen, diesen Zielen.

Da aber das dialektische Verfahren als Zwiegespräch oder eine Auseinandersetzung in der Wechselwirkung besteht, so ist der Beziehungsaspekt für die Wirkung entscheidend, wie in der Behandlung der archetypischen Übertragung gesehen wurde, die eine zentrale Stellung im dialektischen Verfahren beansprucht. In der wechselseitigen Beziehung muß zuerst eine Wirkung auf der Seite des Therapeuten erzeugt werden, weil diese Wirkung in diesem Fall das einzige ist, was der Therapeut in individueller Hinsicht und legitimerweise seinem Patienten gegenüber bieten kann. Diese Wirkung kann nur dadurch erzeugt werden, indem er von seinem Patienten affiziert, d.h., konfrontiert wird. In diesem Sinne sagt Jung: "Es ist kein Irrtum, wenn er sich vom Patienten betroffen und getroffen fühlt: Nur im Maße seiner eigenen Verwundung vermag er zu heilen." (ebd., S. 124) Die Bedeutung der Wirkung liegt aber darin, sich in der Wirkung zu transzendieren und vom Selbst her zu funktionieren. Dann kann der Therapeut auf den Patienten wirken, wie zum Beispiel durch seine Sprache. Wenn ein Therapeut von seinem Selbst her funktioniert, dann ist seine Sprache nicht mehr diejenige seines Ich, sondern jene seines Selbst. Seine Sprache hat also keinen diskriminierenden und teilbezogenen, sondern einen transzendierenden und ganzheitlichen Charakter. Sie bezieht sich auf das Verstehen des ganzen Menschen, nämlich auf das Selbstverständnis bzw. das Seinsverständnis. Daraus folgt eigentlich, daß sich der Therapeut im dialektischen Verfahren vollständig exponiert und ohne Zurückhaltung auf den Patienten reagiert. Auf diese Weise kann sich eine Wechselwirkung schließlich auf der Ebene des Selbst und damit eine echte Begegnung ereignen, worin die

Bedeutung des Verstehens im dialektischen Verfahren besteht. Somit sehen wir, daß die Bedeutung der Persönlichkeit des Therapeuten als des therapeutischen Faktors darin liegt, von seinem Selbst her funktionieren zu können. Daraus ergibt sich die Notwendigkeit der sogenannten Lehranalyse in der Jungschen Psychotherapie, d.h., die Forderung, daß der Therapeut selber analysiert sein müsse, gipfelt im dialektischen Verfahren.

Jung hat aus diesem Grunde Freud zum ersten Mal die Notwendigkeit einer Lehranalyse vorgeschlagen, womit Freud einverstanden war (Vgl. ebd., S. 122). Solange aber die Persönlichkeit des Therapeuten im dialektischen Verfahren darin besteht, von seinem Selbst her funktionieren zu können, verlangt die Lehranalyse mehr als das, was der Therapeut durch die Technik der Psychotherapie möglichst fehlerfrei beherrschen kann. "Die Lehranalyse in der Jungschen Psychotherapie besteht einerseits in der Aufarbeitung und Wandlung der eigenen neurotischen Strukturen. Andererseits bedeutet sie die Erfahrung der Wirksamkeit archetypischer Bilder und Symbole" (Bertram 1979, S. 34). In bezug auf die Erfahrung der Wirksamkeit archetypischer Bilder und Symbole ist besonders das Erlebnis eines Einbruchs des kollektiven Unbewußten wichtig, weil dieses Erlebnis die unmittelbare Erfahrung des Selbst ermöglicht, was jene im dialektischen Verfahren betrifft. In diesem Zusammenhang äußert sich zum Beispiel von Franz über ihre Erfahrung bezüglich der Bedeutung der Lehranalyse folgendermaßen: "Meiner Erfahrung nach wird – wenn die Lehranalyse im Besprechen der persönlichen Probleme steckenbleibt – er später nie ein wirklich wirksamer Helfer sein können. Nur wenn das Unendliche, wie Jung es formuliert, in seinem Leben erlebt worden ist, hat dieses Leben einen Sinn gefunden, sonst ist es in Futilitäten vertan. Und – so könnte man beifügen – dann kann ein solcher Mensch auch dem andern nur Futilitäten anbieten: Gute Ratschläge, intellektuelle Deutungen, wohlmeinende Normalisierungsempfehlungen" (von Franz 1979, S. 26).

Zusammenfassend: Die Bedeutung des Verstehens in der Suggestivtherapie besteht für Jung in der Übereinstimmung der Theorie und Praxis, indem die Theorie unter der Gesamtschau des Patienten richtig angewendet wird, derweil jene im dialektischen Verfahren in einer echten Begegnung auf der Ebene des Selbst bzw. Seins besteht. Daraus ist ersichtlich, daß die Suggestivtherapie für Jung nicht nur eine Wissenschaft ist, sondern auf eine philosophische Einsicht in das ganze Menschsein anspielt, und das dialektische Verfahren aber rein ein Philosophieren oder ein Meditieren ist. Demnach wird der Psychotherapeut von Jung nicht nur als Wissenschaftler, sondern wesentlich als Philosoph betrachtet: "Ich kann es kaum verschleiern, daß wir Psychotherapeuten eigentlich Philosophen oder philosophische Ärzte sein sollten oder vielmehr, daß wir es schon sind, ohne es wahr haben zu wollen, denn ein allzu krasser Unterschied klafft zwischen dem, was wir betreiben, und dem, was auf Hochschulen als Philosophie gelehrt wird" (Jung 1976, G.W., Bd. 16, S. 85). Er führt weiter aus, weshalb der Psychotherapeut wesentlich ein Philosoph sein sollte: "Obschon wir die Spezialisten par excellence sind, so zwingt uns das Spezialgebiet merkwürdigerweise zum Universalismus und zur gründlichen Überwindung des Spezialistentums" (ebd., S. 89), "denn der Kranke bringt uns mit seiner Neurose keine Spezialität, sondern eine ganze Seele und damit auch ein ganzes Stück Welt, an welchem diese Seele hängt und ohne welches sie nie genügend verstanden werden könnte. Die Psychotherapie ist deshalb vielleicht weniger als irgendein anderes Spezialgebiet in der Lage, sich in den geheiligten Bezirk einer Spezialität, die mit der Welt im Großen sozusagen nichts mehr zu tun hat, verkriechen zu können" (ebd., S. 90).

Somit kann man schließlich sagen, daß die Bedeutung des Verstehens in der Jungschen Psychotherapie darin besteht, ein ganzheitliches Verstehen des Menschen zu ermöglichen, indem sie nicht nur eine Wissenschaft, sondern wesentlich eine Philosophie ist.

7 Zusammenfassung

In dieser Arbeit wird der Versuch unternommen, die Bedeutung des Verstehens in der analytischen Psychologie zu verdeutlichen.

Im Verstehen der analytischen Psychologie spiegelt sich zunächst eine ihrem Begriff der Psyche zugrunde liegende Spannung zwischen dem persönlichen Bewußtsein und dem kollektiven Unbewußten. Das persönliche Bewußtsein geht gemäß seinem diskriminierenden Charakter von der gegensätzlichen Spaltung aus. Das kollektive Unbewußte verhält sich kompensatorisch zu jenem Bewußtsein; es hat die Tendenz zur Ganzheit und die Tendenz, die vom Bewußtsein geschaffenen Gegensätze zu transzendieren. Von diesen unterschiedlichen Charakteren her, steht das persönliche Bewußtsein mit dem Ich und das kollektive Unbewußte mit dem Selbst in Verbindung, nämlich: Das bewußte Ich und das unbewußte Selbst. Während sich das bewußte Ich auf das teilbezogene Verstehen richtet, richtet sich das unbewußte Selbst auf das ganzheitliche Verstehen. Dem unbewußten Selbst kommt deshalb in bezug auf die Bedeutung des Verstehens eine zentrale Stellung zu. Das unbewußte Selbst weist sein ganzheitliches Verstehen durch das Symbol auf, das aber durch das symbolische Verstehen verwirklicht wird. Das symbolische Verstehen bedeutet nicht eine intellektuelle, gegenständliche Symboldeutung, sondern das Erleben der Wirkung des Selbst, d.h., das Erleben der transzendenten Funktion des Selbst. Das entscheidende Moment des symbolischen Verstehens ist eine Transzendentalität, wie die Methode des symbolischen Verstehens auf die Hervorrufung der transzendenten Funktion hinzielt.

Die Transzendentalität ist der Horizont, in welchem das unbewußte Selbst bewußt wird. Die Bewußtwerdung des unbewußten Selbst bedeutet also, daß es nicht dem Ichbewußtsein, sondern gleichsam dem Selbstbewußtsein bewußt wird, das das Ichbewußtsein transzendiert. M.a.W., daß das absolute Wissen bzw. das Licht der Natur im Unbewußten zum Vorschein kommt. Unter dem Licht der Natur werden wegen seinem absoluten Charakter der Bewußtheit, nicht nur Gegensätze des Bewußtseins und des Unbewußten, sondern all die gegensätzlichen Beziehungen des Menschen zur Welt überhaupt, in die Ganzheit und Einheit als absolute Identität aufgehoben, die Jung als mysterium coniunctionis bezeichnet hat, worin die eigentliche Bedeutung des Verstehens liegt.

Literaturverzeichnis

Adler, Alfred, Über den nervösen Charakter, Fischer, Frankfurt a. Main 1972.

Bertram, Gerda, Die Lehranalyse. In: Eschenbach, Ursula (Hrsg.), Die Behandlung in der Analytischen Psychologie I, Bonz, Stuttgart 1979, 33-45.

Chai, Chu und Chai, Winberg (Hrsg. und Übers.), The Sacred Books of Confucius, Banton Books, Inc., New York 1965.

Dieckmann, Hans, Methoden der Analytischen Psychologie, Walter, Olten 1979.

von Franz, Marie-Louise, Aktive Imagination in der Psychologie von C.G. Jung. In: Bitter, Wilhelm (Hrsg.), Meditation in Religion und Psychotherapie, Ernst Klett, Stuttgart 1958, 136-148.

von Franz, Marie-Louise, Beruf und Berufung. In: Eschenbach, Ursula (Hrsg.), Die Behandlung in der Analytischen Psychologie I, Bonz, Stuttgart 1979, 14-32.

von Franz, Marie-Louise, Über einige Aspekte der Übertragung. In: Dieckmann, Hans (Hrsg.), Übertragung und Gegenübertragung, Gerstenberg, Hildesheim 1980, 217-229.

von Franz, Marie-Louise, Wissen aus der Tiefe, Kösel, München 1987.

Freud, Sigmund, Die Traumdeutung, Studienausgabe, Bd. 2, Fischer, Frankfurt a. Main 1972.

Freud, Sigmund, Werke aus den Jahren 1904-1905, Gesammelte Werke, Bd. 5, 6. Aufl., Fischer, Frankfurt a. Main 1981.

Frey-Rohn, Liliane, Die Anfänge der Tiefenpsychologie, Sonderdruck aus: Studien zur Analytischen Psychologie C.G. Jungs,

Festschrift zum 80. Geburtstag von C.G. Jung, Rascher, Zürich 1955.
Giegerich, Wolfgang, Principium individuationis und Individuationsprozeß. In: Eschenbach, Ursula (Hrsg.), Die Behandlung in der Analytischen Psychologie I, Bonz, Stuttgart 1979, 141-170.
Heidegger, Martin, Sein und Zeit, 13. Aufl., Max Niemeyer, Tübingen 1976.
Jacobi, Jolande, Komplex, Archetypus, Symbol in der Psychologie C.G. Jungs, Rascher, Zürich/Stuttgart 1957.
Jacobi, Jolande, Die Psychologie von C.G. Jung, Walter, Olten 1971.
Jaffé, Aniela (Hrsg.), Erinnerungen Träume Gedanken von C.G. Jung, 12. Aufl., Walter, Olten 1982.
Jung, Carl Gustav, Psychiatrische Studien, Gesammelte Werke, Bd. 1, Walter, Olten 1971.
Jung, Carl Gustav, Psychogenese der Geisteskrankheiten, Gesammelte Werke, Bd. 3, Walter, Olten 1971.
Jung, Carl Gustav, Symbole der Wandlung, Gesammelte Werke, Bd. 5, Walter, Olten 1973.
Jung, Carl Gustav, Psychologische Typen, Gesammelte Werke, Bd. 6, 12. Aufl., Walter, Olten 1976.
Jung, Carl Gustav, Zwei Schriften über Analytische Psychologie, Gesammelte Werke, Bd. 7, 2. Aufl., Walter, Olten 1974.
Jung, Carl Gustav, Die Dynamik des Unbewußten, Gesammelte Werke, Bd. 8, 2. originalgemäß revidierte Aufl., Walter, Olten 1976.
Jung, Carl Gustav, Die Archetypen und das kollektive Unbewußte, Gesammelte Werke, Bd. 9/1, 2. Aufl., Walter, Olten 1976.
Jung, Carl Gustav, Aion, Gesammelte Werke, Bd. 9/2, Walter, Olten 1976.
Jung, Carl Gustav, Zur Psychologie westlicher und östlicher Religion, Gesammelte Werke, Bd. 11, 2. Aufl., Walter, Olten 1973.

Jung, Carl Gustav, Mysterium Coniunctionis, Gesammelte Werke, Bd. 14/2, 2. Aufl., Walter, Olten 1972.
Jung, Carl Gustav, Praxis der Psychotherapie, Gesammelte Werke, Bd. 16, 2. Aufl, Walter, Olten 1976.
Jung, Carl Gustav, Über die Entwicklung der Persönlichkeit, Gesammelte Werke, Bd. 17, 2. Aufl.,Walter, Olten 1977.
Jung, Carl Gustav, Das symbolische Leben, Gesammelte Werke, Bd. 18/1, Walter, Olten 1981.
Jung, Carl Gustav, Briefe, Bd. 1, Walter, Olten 1972.
Jung, Carl Gustav, Briefe, Bd. 2, Walter, Olten 1972.
Jung, Carl Gustav, The Visions Seminars, Book Two, Spring, Ebmatingen-Zürich 1976.
Jung, Carl Gustav und Wilhelm, Richard, Das Geheimnis der Goldenen Blüte, 17. Aufl., Walter, Olten 1986.
Kast, Verena, Die Bedeutung der Symbole im therapeutischen Prozess. In: Barz, Helmut, Kast, Verena und Nager, Frank (Hrsg.), Heilung und Wandlung: C.G. Jung und die Medizin, Artemis, Zürich/München 1986, 55-96.
Laotse, Tao Te King (Neu übertragen und mit einer Einführung versehen von Wolfgang Kopp), Ansata, Interlaken 1988.
Lee, Zuk-Nae, Zen und Psychotherapie, Diplomthesis am C.G. Jung-Institut, Zürich 1978.
Reps, Paul, Ohne Worte, ohne Schweigen, Scherz, Bern/München/Wien 1976.
Suzuki, Daisetz-Taitaro, Über Zen-Buddhismus. In: Fromm, Erich, Suzuki, Daisetz-Taitaro und de Martino, Richard (Hrsg.), Zen-Buddhismus und Psychoanalyse, Suhrkamp, Frankfurt a. Main 1972, 9-100.
von Uslar, Detlev, Der Traum als Welt, Neske, Pfullingen 1964.
von Uslar, Detlev, Sein und Deutung, Hirzel, Stuttgart 1987.
Walder, Paul, Einführung in die Traumarbeit. In: Eschenbach, Ursula (Hrsg.), Die Behandlung in der Analytischen Psychologie I, Bonz, Stuttgart 1979, 208-221.

Walsch, Roger N. und Vaughan, Frances E., Comparative Models of the Person and Psychotherapy. In: Boorstein, Seymour (Hrsg.), Transpersonal Psychology and Psychotherapy, Science and Behavior Books, Inc., Palo Alto 1980, 12-28.
Wolff, Toni, Einführung in die Grundlage der Komplexen Psychologie. In: Die kulturelle Bedeutung der Komplexen Psychologie, Festschrift zum 60. Geburtstag von C.G. Jung, Julius Springer, Berlin 1935, 1-168.

Nachwort

Der Ertrag östlichen Verstehens bei Zuk-Nae Lee für die westliche Philosophie und Psychotherapie

Lee wendet in seinen Reflexionen über das Verstehen seine ihm wohlvertraute östliche Lehre und Praxis des ZEN (japanisch), chinesisch CHAN und koreanisch SUN, auf die analytische Psychologie C. G. Jungs an. Er betont paradigmatisch den existentiellen Seinscharakter des Verstehens. Damit rückt er in große Nähe zu Heideggers Seinslehre. Die streckenweise schwer verständlichen Gedankengänge Heideggers können in Lees Interpretation verständlicher werden, wenn wir das Sein als das Ganze verstehen, aus dem heraus wir leben und unseren Weg gehen. Es kann in ŚŪNYATĀ oder PRAJÑĀ unmittelbar aufleuchten, mit einem Schlag verständlich werden; in einem Akt des unbedingten Wagens der Kommunikation im Jasperschen Sinne.

Dieses "numinose" Geschehen ist um so eher möglich, je mehr der Verstehende mit dem Verstandenen gemeinsam hat. C. G. Jungs Konzept des kollektiven Unbewußten, nach dem wir alle die gleichen Wurzeln teilen, ist der Schlüssel dazu. Insofern läuft Verstehen symbolisch ab, ist mehr als bloß intellektuelles Verstehen, ist nicht nur Ereignis sondern wird umwerfendes Erlebnis, ganz im Sinne von Dilthey.

Lee spricht deshalb zurecht von der "religiösen" oder "numinosen" Dimension des Verstehens, das erfahren wird, das uns widerfährt, das einfach geschieht, weil uns, im Sinne von Gadamer, Geschichte nicht gehört, sondern weil wir Teil der im Jungschen Sinne "kollektiven" Geschichte sind.

In der Psychoanalyse spricht man von "flash". Das ist ein blitzartiges Aufleuchten von Einsicht, und zwar gleichzeitig bei beiden am psychoanalytischen Prozeß beteiligten Personen; "die gemeinsame intuitive Wahrnehmung eines bedeutsamen gleichzeitigen Erkennens und Verstehens" (Balint & Norell, 1975, S. 126).

Insofern ergeben sich zwischen der östlichen Interpretation des Verstehens durch Lee erstaunliche Parallelen mit der westlichen hermeneutischen Tradition in Philosophie und Psychoanalyse. Bilder können dabei ebenso stören wie Gedanken. Dagegen kann ein Paradox wie im Koan das Geschehenlassen von Verstehen erleichtern.

Im krassen Gegensatz zum westlichen Ideal der Selbstverwirklichung als einem Wachsen an Selbstbewußtsein und Identität steht das östliche Ideal der inneren Leere, in der das Selbst negiert wird; zugunsten eines Aufgehens im Ganzen des Kosmos. Die bei Freud so zentralen Übertragungen können dabei in der existentiellen Begegnung zwischen Analytiker und Analysand als Mitmenschen auf dem Weg der "Ganzwerdung" nur stören.

Lee trifft sich mit seiner östlichen Interpretation des Verstehens mit Versuchen seines Landmanns und Zen-Meisters Seung Sahn (1976), der mit seinen Aktivitäten in zahlreichen Zentren des Westens Verständnis für seine buddhistischen Lehren weckt; verstärkt durch die "Teachings" seiner Schülerin Dae Poep Sa Nim.

Der Westen öffnet sich gegenüber buddhistischen Lehren zunehmend im Sinne eines "synkretistisch-esoterischen Zen-Verständnisses" als Beispiel einer universalreligiösen Bewegung (Figl, 1993).

Auch in der neuesten Folge des Jahrbuchs für Symbolforschung kommen Gedanken zum Ausdruck, die sich mit denen Lees durchaus treffen; wenn z. B. von Hermann Jung (1993) "Symbole als Brücken zum Unerforschlichen" bezeichnet werden, wenn eine ganze Tagung dem Thema "Symbolik des Weges" (Gaus, 1993) gewidmet wird und wenn das Leben als "triadischer Rhythmus" von

"In-sistenz, Ek-sistenz und erneuter In-sistenz" auf höherer Ebene interpretiert wird (Beck, 1993).

Diese Auffassung von Weg erinnert nicht nur an Hildegard von Bingens "Wisse der Wege" sondern ganz besonders an östliche Gleichnisse wie dem von Sehen des Berges, das uns Lee auf S. 86 mitteilt: Bei null Grad sehen wir den Berg wie jeden anderen, nach 180 Grad steht der Berg im Dunkel und erst bei 360 Grad erscheint der Berg als das, was er jeweils symbolisch für uns bedeutet.

Jetzt wird das möglich, was der indische Philosoph Ram Adhar Mall (1995) "Interkulturalität als Bedingung für die Möglichkeit einer multikulturellen Gesellschaft" nennt: Östliche und westliche Philosophien gelangen so in einen "Weltkontext der Philosophien und Kulturen" (S. 55).

Wie die Schwierigkeiten bei der Überwindung von Fremdenhaß und Ausländerfeindlichkeit zeigen, ist dieses hohe Ziel aber nicht einfach zu erreichen. Die Kluft zwischen den Kulturen oder der wechselseitige Kulturschock müssen erst mühsam überwunden werden. Sundermeier (1996) zeigt in einer brandneuen Studie, welche Probleme dabei auftreten und wie sie in einer "praktischen Hermeneutik" gelöst werden können.

Wie schwer dies sein kann, wurde z. B. bei der Verleihung des Friedenspreises des deutschen Buchhandels 1995 an Annemarie Schimmel deutlich. Verstehen des Islam wurde schnell als Zustimmung zum Fundamentalismus gedeutet und damit gründlich mißverstanden. Annemarie Schimmel hat durch ihr Werk und Leben gezeigt, daß man sehr weit und tief in die fremde Kultur einsteigen muß, will man sie wirklich verstehen. Sie zeigt Verständnis selbst für Positionen, die man selbst nicht teilen würde.

Nach Mall (1995) ist kultureller Pluralismus zwar ein Desiderat, "jedes Verstehen und Zusammenleben birgt (aber) Probleme. Dies ist wahr nicht nur hinsichtlich des Verstehens des Fremden, man kann sogar Verstehensbarrieren innerhalb der eigenen Kultur, der eigenen Rasse und der eigenen Religion entdecken" (S. 59). Und an anderer Stelle: "Wer Kulturen verschmelzen will, sieht Vielfalt als Ärgernis" (S. 61).

Das andere Weltverständnis bedroht das eigene, oft mühsam erworbene Weltverständnis. Gerade wegen dieser existentiellen Bedrohung der eigenen Position wird Fremdes oft mit Haß und Feindseligkeit abgewehrt.

Nach dem Strukturalismus hat sich jeder seine eigene Wirklichkeit konstruiert. Sie kann innerhalb der eigenen Gruppe stark differieren. Selbst der Mensch, den ich jahrelang zu kennen glaube, kann mir zuweilen total fremd erscheinen, wenn sein Verständnis nicht meinem Verständnis von ein und demselben Phänomen gleicht.

In der Psychoanalyse ist Verstehen um so eher möglich, je mehr der Analytiker dem Status, der Schicht und der Herkunft des Analysanden ähnlich ist: Ein Mann kann wegen der Geschlechterdifferenz einen Mann eher verstehen als eine Frau und umgekehrt, ein Älterer einen Älteren eher als ein Jüngerer den Älteren, ein selbst links orientierter progressiver Psychoanalytiker einen linksintellektuellen Lehrer eher als ein stockkonservativ eingestellter.

Der Mensch ist als anthropologische Konstante als verstehendes Wesen auf Verstehen angewiesen. Er muß erst verstanden werden, um selbst zu verstehen; sich und andere. Insofern ist die verstehende Mutter im vorsprachlichen Dialog zwischen Säugling und sich selbst Vorbild allen Verstehens; im zwischenmenschlichen Zusammenleben wie in der Psychotherapie.

"Die Theorie einer offenen Hermeneutik geht von einem Erkenntnisbegriff aus, der das zu Verstehende nicht einverleibt, nicht der eigenen Denkform anpaßt" (Mall, 1995).

Der um Verstehen Bemühte hat Respekt vor dem anderen, vor dem Fremden.

Das Fremde kann das Eigene bereichern. So erging es einer Doktorandin, die ausgerechnet auf einer Tongainsel im südlichen Pazifik entdeckte, daß eine uns geographisch und gesellschaftlich völlig ferne Kultur uns zeigen kann, wie man besser mit Behinderten umgeht (Meiser, 1995).

Wir bedürfen heute eines hermeneutischen Modells, das die Einsicht "Wir alle sind Menschen" ernster nimmt, als je geschehen ist. Jaspers (1957) spricht mit Recht von einem erregenden Spannungsverhältnis, das jede Art von Verstehen begleitet – ob innerhalb oder außerhalb der eigenen Tradition. "Wie im persönlichen Umgang bei aller Fremdheit und Nähe und Vertrauen und Wohlwollen plötzlich eine Ferne fühlbar werden kann, als ob es wie ein Entgleiten wäre, des anderen und meiner selbst, als ob ein Nicht-anders-sein-Können sich trennte und dies im letzten Grunde doch nicht anerkennen will, weil die Forderung des gemeinsamen Bezogenheit auf die Mitte der Ewigkeit nicht aufhört, daher ein besseres Verstehen immer wieder gesucht wird – so ist es zwischen Asien und Abendland" (Mall, 1995).

Östliches Tao und westliche Psychoanalyse sind einander gar nicht so fremd, wie es zunächst scheinen mag. Um die Gemeinsamkeiten zu entdecken, bedarf es allerdings des Weges dahin. Dazu gehört ebenso, die eigene Position probeweise aufgeben wie die andere Position probeweise einnehmen zu können. Tao und Psychoanalyse können sich in wunderbarere Weise wechselseitig ergänzen und voneinander lernen (Kutter, 1995).

Nicht Hegel, nicht Kant und nicht Heidegger haben die absolute Wahrheit gepachtet, wie der Westen in europäischer Selbstüberschätzung oft annimmt. Wahres Verstehen ereignet sich genau so im Osten, in der chinesischen Philosophie eines Buddha oder eines Lao Tse.

Die Lehre vom wahren Verstehen erreichte, von China ausgehend das "Land der Morgenstille", Korea, von wo sie unser Autor, Zuk-Nae Lee, als Zen oder Sun wieder zu uns trägt.

Er wurde dabei durch die analytische Psychologie C. G. Jungs ebenso bereichert wie wir durch sein taoistisches Verstehen der Psychologie C. G. Jungs. Er hat uns mit seinem eigenständigen ethnopsychoanalytischem Ansatz geholfen, besser zu verstehen, Verstehen zu verstehen.

Stuttgart, im September 1996 Peter Kutter

Literatur

Balint, E. & Norell, J. S. (1975): Fünf Minuten pro Patient. Eine Studie über die Interaktion in der ärztlichen Allgemeinpraxis. Frankfurt am Main

Beck, H. (1993): Die Lebensetappen als Trinitätssymbol. In: Symbolon. Jahrbuch für Symbolforschung/Neue Folge, Band 11, Frankfurt am Main, 43-74

Figl, J. (1993): Die Mitte der Religionen. Idee und Praxis universalreligiöser Bewegungen. Darmstadt

Gaus, J. (1993): Einführung. In: Symbolon. a.a.O., 49-52

Jaspers, K. (1957): Die maßgebenden Menschen. In: Die großen Philosophen I. München, 105-230

Jung, H. (1993): Symbole als Brücken zum Unerforschlichen. Manfred Lurker in memoriam. In: Symbolon, a.a.O., 7-8

Kutter, P. (1995): The Tao and Psychoanalysis: Similarities and Differences. In: Psychotherapy, East and West. Integration of Psychotherapies. The Revised Edition of Proceedings of the 16th International Congress of Psychotherapy. Korean Academy of Psychotherapists. Seoul

Mall, R. A. (1995): Philosophie im Vergleich der Kulturen. Interkulturelle Philosophie, eine neue Orientierung. Darmstadt

Meiser, U. (1995): Sie leben mit den Ahnen. Krankheit, Adoption und Tabukonflikte in der polynesisch-tonganischen Kultur. Schriften zur Ethnopsychoanalyse I, Frankfurt am Main: Brandes & Apsel

Nim, D. P. S. (1988): One Dust Particle Swallows Heaven and Earth. The Teachings of Dharma Ji Kwang Dae Poep Sa Nim. Centre Zen de Paris

Sahn, S. (1976): Dropping Ashes on the Buddha. The Teaching of Zen Master Seung Sahn. The Providence Zen Center, Providence, R.I.

Sundermeier, T. (1996): Den Fremden verstehen. Eine praktische Hermeneutik. Göttingen: Vandenhoek & Ruprecht

Amaresh Markus Seelig

Das Selbst als Ort der Gotteserfahrung
Ein Vergleich zwischen Carl Gustav Jung und Paul Tillich

Frankfurt/M., Berlin, Bern, New York, Paris, Wien, 1995. 328 S.
Europäische Hochschulschriften: Reihe 23, Theologie. Bd. 548
ISBN 3-631-49305-3 br. DM 89.--*

Anliegen dieser Arbeit ist es, ein Plädoyer für die Integration praktischer Selbsterfahrung in das Studium geisteswissenschaftlicher Fächer, besonders der Theologie, abzugeben. Anhand einer ausführlichen Untersuchung des Selbst-Begriffes bei C.G. Jung und Paul Tillich werden die Voraussetzungen herausgearbeitet, unter denen spirituelle Erfahrung bzw. Gotteserfahrung geschehen kann. Hierbei kommen unter anderem Aspekte fernöstlicher religiöser Traditionen in den Blick. Das Ergebnis der Untersuchung ist eine implizite Kritik an vorherrschender, intellekt-fixierter Wissenschaftlichkeit sowie explizite Aufforderung zur Selbsterkenntnis: Nur wenn der Mensch sein "Ego" aufgibt, kann authentisches Person-Sein, Harmonie mit der Umwelt und die Erfahrung des Eins-Seins mit sich und dem Ganzen geschehen.

Aus dem Inhalt: Das Ich ist eine Illusion · Voraussetzung für spirituelle Erfahrung ist die Aufgabe des Ich · Selbsterkenntnis ist Gotteserkenntnis · Meditation ist der Weg zur Überwindung der globalen Krise